幸福的本质及其现实建构

THE ESSENCE AND REALISTIC CONSTRUCTION OF HAPPINESS

施文辉◎著

上海社会科学院出版社
SHANGHAI ACADEMY OF SOCIAL SCIENCES PRESS

Happiness♥

自　序

对幸福问题的思考还是十年前的事情。因为随着岁月的增长、人生阅历的不断丰富,对社会现象的观察和人生问题的体悟越来越多,幸福问题自然成为自己的一个思考点,但真正触发我对幸福问题的重点关注,是 2012 年中秋、国庆双节期间,中央电视台新闻频道推出了《走基层百姓心声》特别调查:“幸福是什么?”并在《新闻联播》《朝闻天下》《新闻直播间》等多个栏目连续九天集中播出,受到了社会各界的广泛关注。其中,一段“‘你幸福吗?’‘我姓曾’”的滑稽对话一度成为热门话题,并彻底把整个节目带偏。那时给人一种错觉,似乎幸福问题只能作为茶余饭后谈资,完全不可较真,把幸福问题纯粹当作人云亦云的话题。

在这种背景下,我才开始认真思考幸福问题,而支撑我转入研究幸福问题的信念是“幸福是人类的永恒追求,岂能不识庐山真面目”。2013 年 3 月 17 日,习近平同志在第十二届全国人民代表大会第一次会议上对“中国梦”进行了阐述,那就是“国家富强、民族振兴、人民幸福”,更加坚定了我探讨幸福问题的信心。

在探讨幸福问题初期,我碰到的难题是自己对幸福问题的困惑。我曾问过自己无数次“幸福是什么?”,直到“好生活”进入我的研究视野才豁然开朗。而当我真正步入研究幸福问题的轨道后,却常常被质问三个问题,那就是“你自己幸福吗?”“幸福在哪里?”“富裕后为什么不幸福?”

首先,当我与其他人交谈时,人们总喜欢先入为主。他们脱口而出,“你自己幸福吗?”这个看似平常不过的问题,其实是隐藏着陷阱,那就是“只有你自己幸福,你才有资格谈论幸福问题”,而“如果你自己不幸福,那么就没资格奢谈幸福问题”。这种陷阱,我认为从逻辑上来说类似于“你没钱,你谈什么金钱的问题;你没权,你谈什么权力问题”。以此类推,“你没有腐败过,你谈什么腐败问题”,等等。这类话如果成立,我想世界上绝大多数人绝大部分时间只能缄默不语,因为很多话都会被纳入这种“无资格可谈”的范畴。我认为幸福不幸福,不应成为人们研究幸福问题的先决条件。幸福的人可以探讨幸福问题,不幸福的人也可以阐述自己对幸福的理解,只是会出现观点不同、视角不同而已。

其次,有人喜欢问你“探讨幸福问题有意义吗?”这其实是老生常谈的观点。他们认为幸福是一个捉摸不定的东西,在日常生活中很难抓住幸福,甚至连幸福的尾巴、影子都抓不住,因此他们主张探讨幸福问题是没有什么实质意义的。我认为在这些人的脑海深处有一个根深蒂固的观点——纳入研究视野的必须是能被人所抓住的客观实在的事物,而幸福是人的一个主观感受。其实他们不知道,人所欲求的幸福,是人们对生活状态进行综合判断得出一种正向的阈值(临界值)而产生的心理感受与精神体验,它是现实的客观世界通过人的内在感官的作用而产生的一种判断。幸福既指向外部世界或客观世界,也指向内部世界或主观世界。客观世界或外部世界可以作为幸福体验的对象。也就是说,尽管幸福不是一个独立存在的实体,不是寓于某种具体客观事物之中,但幸福又具有客观性,因为幸福必有体验的“对象”,同时幸福又是主观的,但它又不是主观自生的,不是纯粹的心理和精神问题。我认为幸福就在主观和客观世界的结合之处,人类幸福的降临起因于客观世界,作用于主观世界。所以,人们在实际生活中能否体验到幸福,他们自己手中只操纵着一半的主动权,另外的一半操纵在客观世界之中，因为幸福体验的对象物必然是客观存在的。

还有就是“我生活富裕了，为什么还不幸福?”对于这个问题，我在文中称为“富裕后的困惑”。通常人们会想当然地认为，只要富有了，拥有大量财富，自然就幸福，但事实上并非如此，除非他们的幸福就是单纯追求物质的享受、感官的刺激和奢侈的生活。财富只是衡量人们商业成功的标志，而“衡量人生的标准是幸福”。现实社会生活中大多数给予人幸福的东西是钱买不到的，比如，浓浓的亲情、纯洁的友情、温馨的爱情。金钱只能够改善人们生活的环境和条件，为人们享受各种物质生活提供条件，能很好地履行完成物质之间的交换功能，但是它不一定能给人带来精神上的愉悦和快乐。“富裕后的困惑”并不奇怪，因为人们不知道金钱在幸福面前并没有确定的价值。

为了解答人们的疑问，我在幸福问题的探索中坚定前行，这固然充满挑战，但我乐于付出努力，秉承学术思想为社会服务的理念，力图在幸福问题的研究上有所贡献。倘若能使读者在理解幸福问题方面有所裨益，那将是莫大的欣慰。春有百花秋有月，真心希望每位读者脸上都洋溢着幸福的笑容，过上幸福美满的生活。

“一口田，衣禄全”是福，能静心研究幸福问题又何尝不是幸福？作自序，也是一次体验幸福的心路历程，也是自己在学术道路上幸福地挥洒人生的勉励。

Happiness♥

目　　录

导　论

第一节　研究的背景与意义

2012年11月29日，习近平总书记在参观“复兴之路”展览时提出，“实现中华民族伟大复兴，就是中华民族近代以来最伟大的梦想”①。2013年3月17日，他在第十二届全国人民代表大会第一次会议上对“中国梦”进行了阐述，那就是“国家富强、民族振兴、人民幸福”②。当时伴随着“中国梦”的提出，我国掀起了研究幸福的热潮。但由于幸福本身很神秘，很多人却总与幸福擦肩而过。因此，我们认为需要解构幸福，揭开幸福神秘的面纱，才能为人们在现实生活中找寻幸福提供可行性。

一、研究的背景

幸福是历史话题。无论是古代奴隶或自由民，还是奴隶主或王公贵族，当下也不管是身居高位之人，抑或位卑言轻之辈，都不会轻言放弃追求幸福。对整个人类而言，我们可以说几千年的人类文明史就是人类追求幸福的历史。所以探讨幸福问题，对每个时代的人来说都是现在进行时，毫无例外。

幸福更是现实课题。国务院总理温家宝在第十一届全国人民代表大会第三次会议上所作的政府工作报告指出，“我们所做的一切都是要让人民生活得更加幸福、更有尊严，让社会更加公正、更加和谐。”③

---

① 习近平：《习近平谈治国理政》，外文出版社2014年版，第36页。

② 习近平：《习近平谈治国理政》，外文出版社2014年版，第39页。

③ 温家宝：《政府工作报告——2010年3月5日在第十一届全国人民代表大会第三次会议上》，人民出版社2010年版，第10页。

还有如前所述，习近平总书记对“中国梦”的阐述中明确提出要实现人民幸福。在国家确立了人民幸福的目标之后，如何实现人民幸福就成为一个现实而又紧迫的课题。因为幸福本身是个看似明了却又十分令人困惑的问题。

首先，关于幸福的定义是见仁见智。其次，人们常想当然地认为生活水平提高了，就会自然而然比以前幸福，但调查表明并非全然如此。还有，道德高尚之人幸福吗？道德与幸福的关系究竟怎样？再有，幸福如何实现？能否指明幸福之路，从而让人循此前行就能到达幸福之岸？

我们认为要实现人民幸福，必须对上述问题进行回答，特别是需要从理论上破解幸福的密码。因为，倘若只是提出实现人民幸福的目标，但在理论上不能对这些问题作出很好的回应，那么实现人民幸福的目标也许只能停留在理念中，而难以产生任何实际意义。

二、研究的意义

从国内外研究现状来看，学术界在关涉幸福方面的研究取得了丰硕的成果。但站在现实的立场，回溯幸福研究的历史演变，借鉴其中的合理因子，继续深入地研究幸福本质及其现实建构，破解幸福的奥秘仍然具有一定的理论意义和实践意义。

（一）理论意义

有关幸福的理论一直围绕着幸福的概念争论不断，有“满足说”“快乐说”“德行说”“自我实现说”等多种学说，最后主要归结为两大理论：“快乐论”（hedonic）和“实现论”（eudemonia）。至今，“快乐论”和“实现论”之间的争论仍未停止。

幸福“快乐论”认为幸福是主观的，在于快乐的情感，“快乐具有绝对的价值，别的一切事物有价值只是就它有助于产生快乐而言”[①]；而幸福“实现论”则认为幸福是客观的，“个人和社会的人类生活的客观发展是绝对的善，而不管它是否产生快乐”[②]。它们各执一词，各具生命力，都有忠实的拥趸。

本书基于汲取幸福“快乐论”和“实现论”之中的合理成分，以“好生活”为媒介，采取超越幸福“快乐论”和“实现论”的方法去研究幸福问题。由此，我们得出幸福实质上存在一个递进链条，即：

好生活（自我实现和全面发展）→苦乐的正向阈值→幸福

这表明幸福是一个从客观向主观的发展过程。如此，“快乐论”和“实现论”的争论可以通过桥梁——“好生活”的介入，使得它们之间的争论得以解决。

（二）实践意义

追求幸福是我们时代的主题。中国共产党正在带领全国各族人民建设幸福中国。各地政府也纷纷提出要建设幸福省、幸福市、幸福乡、幸福街道、幸福社区、幸福农村。不言而喻，研究幸福的相关问题对当下的幸福实践有着重要的现实意义。

首先，有利于确立正确的社会发展目标。对幸福的相关问题进行现实回应是实现“中国梦”的必然选择，也是贯彻落实习近平新时代中国特色社会主义思想和构建幸福社会的题中之义。习近平在 2010 年撰文指出：“从马克思、恩格斯在《共产党宣言》中明确提出共产党人始终坚持为无产阶级、为绝大多数劳动人民谋利益，到列宁强调党是无产阶级的先进部队，要为人民群众服务、代表他们的利益；从毛泽东同志关于共产党人必须全心全意为人民服务的重要思想，到邓小平同志关于必须把人民拥护不拥护、赞成不赞

---

① ［德］包尔生：《伦理学体系》，何怀宏、廖申白译，中国社会科学出版社 1988 年版，第 215 页。

② ［德］包尔生：《伦理学体系》，何怀宏、廖申白译，中国社会科学出版社 1988 年版，第 216 页。

成、高兴不高兴、答应不答应作为衡量改革和一切事业根本标准的重要思想，到江泽民同志关于中国共产党必须始终代表最广大人民根本利益的重要思想，到胡锦涛同志关于必须把最广大人民的根本利益作为贯彻落实科学发展观的根本出发点和落脚点的重要思想，从中我们可以清楚地看到一条一脉相承又与时俱进的思想主线，这就是：始终站在人民大众立场上，一切为了人民、一切相信人民、一切依靠人民，诚心诚意为人民谋利益。这是马克思列宁主义的根本出发点和落脚点，也是毛泽东思想、邓小平理论、'三个代表'重要思想以及科学发展观等重大战略思想的根本出发点和落脚点。"[①]同样，习近平新时代中国特色社会主义思想的根本政治立场是以人民为中心。我们认为，以人民为中心实质上就是以人民的幸福为本。幸福社会的建构也旨在保障人民的现实幸福。社会发展的终极目标也应是实现人民的幸福。

其次，有利于帮助人们树立正确的幸福观。当前国人幸福观是多元并存的，马克思主义的幸福观处于显性主流地位，但社会上还存在各种隐性的幸福观，如享乐主义、消费主义、功利主义和拜金主义幸福观等。持隐性幸福观的人要么穷奢极欲，要么无止境地追求财富、金钱、地位，结果常常迷失自我，从而生活在焦虑、嫉妒、抱怨、惶恐之中，根本原因在于不能正确处理物质幸福和精神幸福、个人幸福和社会的关系。

再次，有利于提高人们的幸福能力。研究幸福问题，破解幸福难题必须告诉人们如何发现、感受和创造幸福，提高人们自我的幸福能力，能管控自己情绪，并始终保持主体感受与客体内容的有机统一。

---

① 习近平：《深入学习中国特色社会主义理论体系　努力掌握马克思主义立场观点方法》，《求是》2010 年第 7 期。

最后,有利于防止“被幸福”现象的出现。深入研究幸福问题旨在用理论指导实践,防止“幸福实践”在现实中走样,防止幸福的数字迷信,避免在现实生活中出现“幸福假象”。

第二节　研究的整体状况与述评

课题研究需要首先对现有的文献资料进行整理、分析,研究者需要清楚地认识该项研究的现状、发展趋势。只有这样,才能更好地将研究推向深入,并取得有价值的效果。因此,下文将对幸福问题的相关研究现状、发展趋势进行整体梳理并作简要述评。

一、研究的整体状况

研究幸福的相关问题一直是学界的一个热点。学者们从不同的角度对幸福的相关问题进行了深入细致的研究,提出了一系列的新理论、新观点、新方法。这些研究主要涉及以下四个方面:

一是在幸福的理论层面上,探讨历史上各种幸福的概念并提出自己的观点,研究幸福学说的历史、传统幸福观的现代价值,以及研究某人或某流派的幸福思想并阐述其意义。首先,探讨幸福概念往往采取对历史上存在的各种幸福概念及相关理论进行反思,再提出自己的观点。其次,对幸福思想的发展历史进行研究有两个侧重点:从西方幸福理论的流变研究幸福的历史;从中国传统的幸福观入手研究其现代价值。对个人的幸福思想的研究,主要是关涉孔子、孟子、老子、庄子的幸福思想和西方的柏拉图、亚里士多德、伊壁鸠鲁、边沁、穆勒、费尔巴哈、康德和马克思等人的幸福思想研究;对幸福思想的流派研究主要有中国的儒家、道家、佛家、墨家及法家幸福观的研究，西方的禁欲主义、快乐主义、功利主义、基督教以及马克思主义的幸福观。

二是对幸福问题进行实证研究。心理学家和经济学家对幸福进行了大量的实证研究。心理学家主要是力求对人们的主观和客观幸福感进行量化，而经济学家则主要进行经济发展与幸福之间关系的调查研究。进行幸福实证研究的学者，在对待“幸福的概念”的处理方式上采取了截然不同的方式：一部分学者还是秉承传统的研究方式，研究一个事物，必须先了解这个事物是什么，给出明确的定义，再对它进行深入研究；另一部分学者，因为他们深知幸福概念的复杂性，往往采取避其锋芒的方法，也就是对幸福不进行定义，他们认为这样做不会影响他们对幸福的实证研究。

三是研究某一群体的幸福感。近年来，这种研究方式在国内很流行。学者们主要研究大学生、教师、城镇居民、农民以及农民工等群体的幸福感，但同时有扩展到其他领域进行研究的趋势。

四是研究与幸福相关概念的关系。研究幸福和相关概念的关联点和不同点，比如幸福与快乐、幸福与不幸、幸福与道德、幸福与财富、幸福与健康、幸福与教育之间的关系。研究幸福与快乐的不同，并分析它们的不同点；比较幸福与不幸，并研究各个层级的幸福和不幸的表现形式；阐述道德和健康是幸福的不可缺少的因素；论述教育对幸福的作用。

二、研究的述评

目前，国内外关于幸福的研究，主要从以下几个方面进行：对幸福的概念、历史、理论进行研究；对个人幸福思想及各流派的幸福思想进行研究；对幸福进行实证研究；厘清幸福与相关概念的关系。

（一）关于幸福概念的研究

关于幸福的定义，亘古以来备受争议。有人说，要难倒一个哲学家,最简单有效的方法就是问他:“哲学是什么?”而要难倒一个伦理学家,最简单有效的方法也就是问他:“幸福是什么?”但现在研究幸福的相关问题已不再是伦理学家的专利。因此,“何谓幸福”就成为摆在任何一位试图对幸福问题进行研究的人面前的拦路石。

学者们对幸福概念的研究持不同态度:一是传统界定法,即继续对幸福概念进行自我界定。历史上对幸福的概念有各种论述,譬如亚里士多德把幸福定义为“灵魂的一种合于完满德性的活动”①,约翰·穆勒(又译约翰·密尔)指出“幸福,是指快乐和免除痛苦;所谓不幸,是指痛苦和丧失快乐”②。当代学者继续对幸福进行界定,如德国哲学家威廉·施密德指出“有意义的地方就有幸福,幸福就是有意义”③,而哈佛大学心理学教授泰勒·本-沙哈尔在《幸福的方法》一书中则指出:“幸福是指快乐和有意义。”④二是模糊处理法。正如学者万俊人在《什么是幸福》一书中所说:“幸福是一个很难确切定义的概念或理念,所以,我只能尝试着给出一个大致的解释。”⑤三是直接忽略法。美国心理学家马丁·塞利格曼说:“定义幸福的字句比定义任何一个哲学问题的都多,幸福是被误用、滥用最多的词之一。我不想再添加我的定义,在本书中,我很小心地使用幸福,我所关心的是幸福的成分——积极的情绪及优势,然后告诉你科学上的发现是什么,你

---

① [古希腊]亚里士多德:《尼各马科伦理学》,廖申白译,商务印书馆2003年版,第32页。

② [英]约翰·穆勒:《功利主义》,徐大健译,商务印书馆2008年版,第7页。

③ [德]威廉·施密德:《幸福》,黄霄翎译,上海译文出版社2012年版,第10页。

④ [美]泰勒·本-沙哈尔:《幸福的方法》,王冰、刘骏杰译,当代中国出版社2007年版,第34页。

⑤ 万俊人等:《什么是幸福》,广东教育出版社2011年版,第59页。

如何可以增加幸福感。”①

我们认为应该对幸福进行科学定义，否则探讨幸福相关问题或进行幸福的相关实践就是盲目的。目前国内主张对幸福进行界定的学者中，大致可以分为快乐论和实现论两种。快乐论者认为“幸福和快乐是相类似的概念，肉体的快乐和精神的愉悦就是幸福”②“幸福是客观对象满足主体的需求时，在主体的内心世界、主体的灵魂中所引起的愉悦的体验”③，实现论者认为“人生价值的实现就是幸福”④。

（二）对幸福的历史进行研究

冯俊科在其著作《西方幸福论——从梭伦到费尔巴哈》中从幸福历史发展脉络的角度论述了西方各种各样的幸福论。他认为西方幸福论的发展史，大致分为三个阶段，即古希腊罗马时代的幸福论、中世纪的幸福论和近代资本主义时期的幸福论，并且对各个时期的主要幸福思想进行介绍与阐述。美国哲学家尼古拉斯·怀特在《幸福简史》一书中，评述了从古代到现代西方主要思想家对幸福的看法，但他不是按照幸福发展史的顺序展开，而是以他认为有趣而重要的幸福问题为支点进行比较研究，譬如幸福的冲突、幸福的度量、幸福的结构性、道德与幸福等，并揭示幸福与伦理学和实践哲学中核心问题的关系。美国史学教授达林·麦马翁在《幸福的历史》一书中，通过文学、艺术、宗教、神话、音乐、建筑诸多领域，

---

① ［美］马丁·塞利格曼：《真实的幸福》，洪兰译，北方联合出版传媒（集团）股份有限公司2010年版，第17页。

② 林永鸿：《论西方快乐论道德观的发展》，《四川大学学报（哲学社会科学版）》1993年第2期。

③ 陈瑛主编：《人生幸福论》，中国青年出版社1996年版，第280页。

④ 赵汀阳：《论可能生活：一种关于公正和幸福的理论》，中国人民大学出版社2004年版，第143页。

记述了人类最捉摸不定却又渴求不已的目标，回顾了2000年的文明历程中幸福自身迂回曲折的故事，并认为现代人的幸福观只有200年的历史。

（三）个人及各流派的幸福思想研究

对个人的幸福思想的研究，国内主要是有关孔子、孟子、老子、庄子等人的幸福思想研究，国外主要是有关柏拉图、亚里士多德、伊壁鸠鲁、边沁、穆勒、斯宾诺莎、费尔巴哈、康德和马克思等人的幸福思想研究。对幸福思想的流派研究主要有中国的儒家、道家、佛家、墨家及法家幸福观的研究，西方的禁欲主义、快乐主义、功利主义、基督教以及马克思主义的幸福观的研究。

关于孔孟的幸福思想研究，主要有汪立夏、吴瑾青的《孔子"幸福观"发微》、郑祥专的《从积极情绪研究视角看孔子幸福观》及张方玉的《论孔子德性幸福的三种形态》与郭卫华的《论孟子以"乐"为核心的幸福观及其现代价值》、朱利民的《孟子的幸福观及其现代启示》及张方玉的《论孟子德性幸福的理想境界》和《孟子德性幸福之实现路径》等。他们的研究认为：孔子的幸福思想是德性幸福观，涵盖纯粹德性幸福、抽象德性幸福、现实德性幸福三种形态，包含生存、致富、循礼、习艺、崇德、交友、君子之乐，等等；孟子的德性幸福思想是以乐为核心，君子有三乐：一是天伦之乐；二是修养之乐；三是职业之乐。孟子的德性幸福思想中用"君子之乐"取代"孔颜之乐"，并为功利幸福开辟了充分的合法空间。

关于老庄的幸福思想研究，主要有欧文辉的《老子思想对现代幸福观的启示》、万师《论老子关于幸福的思想》和尚建飞的《老子》中的幸福观等；张方玉的《论庄子"至乐无乐"的幸福境界及其现代启示》、杨国平的《庄子的幸福观及现代意义》、王欣瑜的《庄子幸福哲学刍议》。他们的研究认为，老子的幸福思想充满辩证法，而庄子的幸福体现在逍遥、超脱。

关于亚里士多德的幸福思想研究，主要有冯显德的《论亚里士多德的幸福观》，王成光、刘笔利、王立平的《论亚里士多德的幸福观及其当代意义》，肖劲草的《对亚里士多德幸福观的当代反思》，等等，主要阐述了亚里士多德的幸福概念，幸福与善、德性及公正的关系，认为亚里士多德幸福观把理想与现实、理论与实践、个体幸福和集体幸福统一起来了，因此具有积极的当代意义。

国内研究斯宾诺莎幸福思想的有刘玉鹏的《斯宾诺莎幸福观简论》，仰和芝、张德乾的《试论斯宾诺莎的幸福观》，尹健的《斯宾诺莎幸福观的现代阐释》和王秀玮的《斯宾诺莎的幸福观及其现实意义》等论文。这些论文主要阐述了斯宾诺莎的幸福思想：人的自我保存是幸福的基础，被动情感是阻碍幸福的重要因素，克制情感的方法是认识自然及知识对于幸福的重要作用。

关于费尔巴哈的幸福思想研究，有冯俊科的《评费尔巴哈的幸福观》、陈京璇的《评费尔巴哈的幸福观》、符海平的《论费尔巴哈幸福观与宗教批判的内在关联》及金莉的《费尔巴哈幸福论的研究》等。他们着重阐述了费尔巴哈的“生命本身是幸福”的观点，如人对物质生活的追求、宗教信仰、性交等是为了幸福，甚至生活中有的自杀行为也是同追求幸福密切联系的，揭示了费尔巴哈的幸福观的阶级局限性。

关于康德幸福观的研究，有方鹏的《康德论幸福》、佟玲玲的《康德幸福观分析》、赵秀玲的《康德的幸福概念及相关问题》等论文，他们指出康德幸福论的三个层次：以感性为基础的自然幸福、以理性为基础的道德幸福、以上帝为基础的神圣幸福，并揭示了康德幸福观的局限性。

当然，研究得最多的是马克思的幸福思想，具有代表性的是于晓权的博士学位论文《马克思幸福观的哲学意蕴》和吉林大学吴冬梅的博士学位论文《马克思主义幸福观与当代中国大学生幸福观状研究》。吴冬梅在论文中论述了马克思主义幸福观的中国化进程、基本特征以及当代价值，于晓权则着重研究了马克思幸福思想的真蕴和当代价值。

（四）幸福理论的批判及价值

苏州大学李梅的博士学位论文《西方传统幸福理论批判——兼论马克思幸福理论及其当代中国实践》立足于马克思主义唯物史观，辩证地批判西方传统幸福理论的局限性，并把马克思幸福理论在当代中国人生活中的实践解读为"民生幸福"。她分析了亚里士多德德性幸福观的伦理局限，指出穆勒功利主义幸福理论面临的现实困境和康德义务论幸福观的当代困境，赞同马克思唯物史观视域下的幸福理论——"人的自由全面发展"。黑龙江大学王刚博士则在其论文《中国传统幸福观的历史嬗变及其现代价值》中，阐述了中国传统幸福观的内涵，并诠释了中国传统幸福观的现代生态文明、现代精神文明和现代政治文明等价值。

（五）幸福问题的实证研究

目前，心理学领域对幸福进行的研究多为实证性研究，主观幸福感是心理学研究的重点，主要从影响幸福感的因素出发研究主观幸福感及其测量。研究的主要内容分为五个方面：一是研究幸福感的本质；二是研究幸福感的影响因素；三是研究幸福感形成的心理机制；四是研究幸福感的测量问题；五是研究如何提高幸福感。

从心理学的视角研究幸福感除了包括主观幸福感，还包括心理幸福感和社会幸福感。主观幸福感是从快乐论出发，强调个体的身心愉悦，认为幸福就是对生活总体感到满意，拥有多的积极情感和少的消极情感，这种情感和体验既可能是物质性的，也可能是精神性的，它具有主观性、稳定性和整体性的特征；心理幸福感则是从实现论出发，认为幸福产生于个体生命意义得以展现、潜能得以自我实现的过程中。主观幸福感的测量维度包括快乐感、自我控制、生命活力、焦虑、压抑和一般健康状况；心理幸福感的指标体系主要包括独立自主、个人成长、自我接受和实现、生活目标、环境控制、良好关系等。而社会幸福感更加注重个人生活的社会层面，把个人与他人、个人与社会的关系作为研究目标，从个体的社会价值、贡献和认同等社会存在的角度来诠释幸福。实际上，个体既能感知到主观幸福感、心理幸福感，也能感知到社会幸福感，它们统一于同一主体，都是个体幸福感的构成内容。

从心理学角度研究的幸福感在不断的发展和变化之中，当前的研究成就表现在以下几个方面：首先，在收入水平与幸福程度的关系上，心理学家通过实证研究发现，当一个国家生产力水平比较落后，人们收入水平普遍偏低的时候，人们的收入状况与幸福程度的相关度非常高，但是当人们的收入水平超过一定的限度之后，这种相关度就会减弱，甚至于消失。但与经济无关的其他因素，比如：职业状况、受教育的程度、婚姻生活、宗教信仰、社会支持等因素，对幸福感的影响却在增强。其次，心理学对幸福感的测量工具从分离到系统整合，现在的研究涉及主观幸福感的各个维度，逐步形成了现代幸福感测量的框架。最后，运用研究成果从实践层面来干预幸福，通过积极心理疗法的练习或开设积极心理学课程，开发每个人所固有的积极品质或积极力量，训练人们如何获得身心健康、永恒友谊或社会支持，从而使人能够获得更多的幸福体验，顺利走向幸福的彼岸。

经济学领域对幸福的关注也是一个研究热点，成果也非常丰富。这些研究既有定性的研究，也有定量的研究。1948 年，美国经济学家萨缪尔森提出一个著名的幸福方程式，即幸福＝效用/欲望。假定欲望是既定的，消费的物品越多，所得的效用越大，人们就越幸福。1974 年，美国经济学家伊斯特林（Easterlin）提出“伊斯特林悖论”，认为经济增长不一定导致快乐增加。在定量研究方面，许多学者从不同的研究角度提出了幸福指数测量的理论和模型，国外具有代表性的是美国心理学家卡尼曼的日重现法、世界价值研究机构关于“世界上最幸福的国家”测算、英国新经济基金组织关于幸福星球指数调查等，在国内则有中国社会科学院发布的《中国居民生活质量调查报告》、中国社会调查所发布的《常规民意调查报告》、奚恺元关于“中国六大城市幸福感”测算以及邢占军的幸福指数指标体系，等等。这些专家学者都致力于建立一个合理的、操作性强的幸福指数体系来量化人类的幸福感，把对人类幸福的形而上的思考变成可以实际操作测量的方法体系。

国内教育界对教育与幸福的研究是既有思辨的研究，又有实证的研究。在实证研究方面，有以大中小学为例，对师生幸福感进行的实证研究；有就高等教育投入与幸福的关系研究。相关论文有张兴贵的《青少年学生人格与主观幸福感的关系》、王传金的《教师职业幸福研究》、田若飞的《社会控制论视角下的教育与幸福研究》、杜小陆的《正在消逝的幸福感——对中小学生心理变迁的思考》等。上述相关的研究成果有利于树立幸福的教育目的，落实教育过程中的以人为本理念，探索教育过程与幸福的关系还有利于实现教师和学生的当下幸福。幸福教育的实现，应注重教师和学生幸福能力的培养。对教育和幸福的辩证关系研究，为社会认识论上的幸福研究提供了崭新的视角和宝贵的资源。

（六）各群体的幸福感研究

20 世纪 90 年代中期以来，学者开始应用国外研究工具进行小范围测查，主要是针对大学生、教师、农民工和城镇居民等群体进行调查研究，其中以大学生幸福感的研究居多：如李焰、赵君的《大学生幸福感及其影响因素的研究》，苗元江、余嘉元的《大学生幸福感研究与思考》，银小兰、朱翠英的《大学生幸福感的影响因子及其增进路径》，邹国振、李国岳的《大学生幸福感的影响因素及提升策略》，吴玉峰、许星的《大学生幸福感现状研究》以及苗元江的《大学生幸福感研究与思考》和《当代大学生幸福感调查研究》等论文。他们的研究主要采用开放式问卷调查或量表法等方式进行，内容包括大学生幸福感的现状和原因分析、归纳影响大学生幸福感的因素，并指出大学生幸福感培养的主要路径。如大学生要完善自我意识，学会调节情绪，建立良好的人际关系，能够正确应对挫折等。这样，他们将能提高自我幸福感。

（七）幸福与相关概念的研究

第一，幸福与快乐。在有关幸福与快乐关系的研究中，多数学者主张幸福与快乐之间存在区别：如“实际上就在于生存与发展完满与否。幸福是重大的人生快乐，是必定有利生存与发展的快乐。所以，幸福意味着生存与发展之某种完满。相反，快乐则不然。因为一方面，反常的病态的快乐恰恰意味着生存与发展之某种缺陷；另一方面，短暂的、渺小的、不重要的快乐虽然有利生存与发展，却达不到生存与发展之完满”①；在于“是否具有目的性、意义性或价值性”②；在于“快乐是由某种具体的需要或欲望得到满足所产生的愉悦感，而幸福则是由那种根本性的、总体性的需要得到某种满足所产生的愉悦感”③。多数人认为幸福具有根本性、意义性和完满性。

第二，幸福与道德。关于幸福与道德的关系，既见于论文，但更多散见于有关幸福的伦理学著作中。论文有：顾智明的《道德是使人获得幸福的源泉》、波兰学者瓦·塔塔尔克威茨的《道德与幸福关系理论的历史考察》和程秀波的《道德与幸福》等；著作有：

---

① 孙英：《幸福论》，人民出版社 2004 年版，第 18 页。
② 刘海生：《教师幸福论》，吉林大学出版社 2009 年版，第 8 页。
③ 江畅：《幸福与优雅》，人民出版社 2006 年版，第 83 页。

江畅的《幸福之路》和《走向优雅生存》、高恒天的《道德与人的幸福》、宋希仁的《道德观通论》、王海明的《新伦理学》、孙英的《幸福论》和陈根法的《幸福论》等。瓦·塔塔尔克威茨对道德与幸福的关系进行了历史考察：一是关联度极高甚至等同的道德幸福关系。如禁欲主义把道德等同于幸福；伊壁鸠鲁的观点是道德和幸福虽不等同，但永久相关；基督教主张只有好人才能幸福，幸福是道德的来世报偿；二是道德与幸福的关系是互相对立和冲突的。即道德排斥幸福，幸福独立于道德且道德妨碍幸福。学者王海明认为德性只是影响人的幸福的要素之一，是幸福的必要而非充分条件。学者江畅较为系统地分析论述了幸福与德性的关系。学者高恒天论述了道德与幸福的关系，分析了幸福问题和道德问题、道德规范与幸福的关系、德性与人的幸福的关系以及人的德性与人的幸福之间的冲突的解决方式。

第三，幸福与教育。研究幸福与教育关系的相关著作有刘次林的《幸福教育论》、檀传宝的《教师伦理学专题—教育伦理范畴研究》等；相关的论文有陈艳华的《论教师的幸福》、熊华生的《童年消逝与教育责任》、高延春的《谈教师幸福的特点及其实现》、易凌云的《论关涉人生幸福的教育》等。

学者们从不同角度探讨教育与幸福之间的辩证关系，并针对教育如何使人获得幸福等问题进行了论争，各抒己见。如幸福与教育目的的关系中，有学者认为幸福是教育的终极目的；也有学者认为教育作为有意识、有组织的活动必然有其自身的目的，但这种人生的阶段目的应指向其终极目的——幸福。也就是说，幸福在人生中的终极目的性决定了教育活动的目的，决定了教育对个人幸福的关涉。教育过程应关注教育主体的幸福，主要是关注学生未来的幸福，同时确保教师与学生当下的幸福。

厘清教育与幸福关系的根本目的是希望教育能够增进教育主

体的幸福。那么,如何去实践并实现它呢?有学者认为教育要促进幸福,就必须同时关注教育过程与结果。因此,要让学校成为儿童生活的乐园,教育活动首先要关怀生命,回归生活,为儿童提供休息与自主活动的时间以及相应的设置,让孩子们按自身的兴趣和特有的儿童文化去自主地开展交往与活动。

再有,认为幸福教育离不开两个体系的建构:一是让教师拥有一种物质、精神和心灵的幸福生活;二是让孩子既拥有一个幸福童年,还要拥有一个幸福人生。教育至少要培养主体具有以下三个方面的幸福能力:必须有一个合乎人的本质的人生目的;必须有一种走向最终目标的创造性活动;主体和目的的创造性活动本身必须合乎人之为人的道德法则。当然,幸福教育的实现并不局限于学生的幸福,教师的幸福也是其中的有机组成。檀传宝认为教师幸福的实现实际上就是教师的幸福能力及其培养问题。

第四,幸福与劳动。关于幸福与劳动的关系也是学者们关心关注的研究主题。论文有学者刘新春、陈亚南的《幸福与劳动关系的伦理学阐释》,何云峰的《从劳动作为人的类本质的视角看劳动幸福问题》《基于马克思劳动幸福理论的"劳动幸福问卷"设计及其信效度检验》,刘宇的《劳动何以幸福:马克思关于"劳动幸福"的内在机制阐释》,毛勒堂、韩涛的《劳动幸福:一个批判性的哲学审视》,程苗苗的《马克思异化劳动理论与人的幸福感》,张天地的《从马克思的"异化劳动"谈实践的幸福维度》,等等。

学者们基于马克思劳动幸福思想,从不同角度阐述劳动与幸福的关系。主要观点:一是劳动使人获得幸福。人们只有通过自己的劳动才能获得幸福。因为幸福既是客观的,不是凭空捏造、无中生有的,而是人们在实际生活里凭借自己劳动获取的真实的事物,是我们生活中必不可少、有着至关重要作用的事物,是人生一种圆满状态的体现;幸福又是人们的内心体验,而要达到这种幸福的感觉就必须通过劳动，因此，幸福是通过人类自由自觉的劳动实践产生的，并在劳动中实现了自身的价值。二是异化劳动引发不幸。“劳动的异化导致劳动由乐生沦为谋生的手段”①“人在自己的劳动中不是肯定自己，而是否定自己，不是感到幸福，而是感到不幸，不是自由地发挥自己的体力和智力，而是使自己的肉体受折磨、精神遭摧残。”②马克思认为，资本主义社会的异化劳动引起了人类的幸福缺失，其中这种幸福缺失的最重要原因就是资本主义社会的生产资料私有制。他指出，劳动者在这种异化世界中生存，不仅不能决定自己的人生，就连自身的幸福也要听从于他人，异化就是劳动者幸福缺失的关键因素。三是在现实生活中寻求幸福。马克思的劳动幸福论是引导人们谋求现实幸福的理论，提倡的是今生今世的幸福生活，而不是探寻来生天堂的幸福。每个人的幸福都必须立足当下、立足实际，这样才会有真实的、真正的幸福。“社会主义劳动要求个人幸福应当与社会、集体的发展相一致。劳动不仅创造了人，更创造了人类社会，人的本质属性是社会性。因而从人类的产生开始，个人的生存、发展就无时无刻不与人类社会的状况发生直接的联系。”③

第三节　研究的思路与方法

研究的思路是研究的脉络走向，决定着研究的总体布局，而方

---

① 程苗苗：《马克思异化劳动理论与人的幸福感》，《四川理工学院学报（社会科学版）》2011 年第 1 期。

② 马克思、恩格斯：《马克思恩格斯全集》第 42 卷，人民出版社 1979 年版，第 93 页。

③ 刘新春、陈亚南：《幸福与劳动关系的伦理学阐释》，《求索》2012 年第 7 期。

法则为研究的最终完成提供有力的支持。

一、研究的基本思路

本研究的基本思路是从幸福的三个基本问题(幸福的概念、幸福观以及幸福感)出发深入探讨幸福问题。因为,这些问题是进行幸福研究始终无法绕开,且又必须予以解答的问题。研究它们的目的是为如何实现幸福作前期铺垫。譬如,当前人们为什么感到困惑和不幸福,原因在哪?当前人们的幸福观多种多样,但为什么会存在那些不正确的幸福观?回答了这些问题,就是为了引出"幸福人"的人性假设和"幸福社会"构建的话题,目标是让人们在现实生活尽可能地获取幸福。

二、研究的主要方法

确立了研究目标和内容之后,还必须采用科学适宜的研究方法,从而使得研究能够顺利进行并得出科学结论。列宁曾指出:"在探索的认识中,方法也就是工具,是主观方面的某个手段,主观的方法通过这个手段和客体发生关系。"①由于幸福问题的研究既属于理论问题,又属于实践问题;既是哲学问题,也是跨学科问题。我们认为理论问题需要接受实践检验,实践问题需要理论的指导;跨学科问题则需要综合分析。因此,本文将采用如下研究方法:

第一,理论与实践相结合。本项对有关幸福问题所进行的研究依循从幸福到幸福社会构建逐步递进的发展路径。在论述过程中既对一些错误理论进行批驳,也对幸福的现实建构提出设想,同时对现实问题进行回应。

第二,综合分析法。幸福的相关问题已不再是单一学科的研

---

① 列宁:《列宁全集》第38卷,人民出版社1990年版,第236页。

究对象，很多学科都在对其进行研究，如哲学、经济学、社会学和心理学。本项研究融合了上述各学科对幸福的论述，并吸纳各自合理因子，从而使本研究更加科学合理。

第三，文献研究法。文献研究法是本研究的基本方法，通过阅读和研究国内外论著、论文，把握幸福问题的相关研究已经拓展的广度、挖掘的深度以及研究的前沿方向，从而能更好地把控论文角度和研究层次。

第四节　研究的问题与创新

任何具有价值的研究都要求研究者具有问题意识。因此，作为研究者，先要框定相关研究所涉及的各种问题，并对其进行筛选，厘出需要重点回答、解决的问题，然后对主要问题逐一进行化解、厘清。同时，还应准确地判断其所从事的研究课题是否有创新之处，因为没有创新的研究，就没有更多的学术价值。

一、研究的主要问题

本项研究主要围绕“幸福的本质及其现实建构”这一主题，从以下三个方面展开：一是厘清幸福概念。这是本书研究的一个着力点。本书将从人们对幸福概念认识的多样性出发，对每种代表性的观点进行分析，最后得到合理的幸福定义；二是对有关幸福的理论进行比较和反思。分析禁欲主义幸福观、快乐主义幸福观、功利主义幸福观和基督教幸福观以及中国儒家幸福观、道家幸福观和佛家幸福观，着重研究马克思主义幸福思想；三是构建“幸福人”和幸福社会。通过“幸福人”的人性假设，分析“幸福人”应该具备的主观要件，并从“五位一体”的文明建设的角度来论述如何构建幸福社会。

二、研究的创新之处

本项研究的目的是对复杂的幸福问题进行直面回应，对人们思考幸福时采用的“常性思维”进行串联，并对幸福社会的建构设计路径。因此，本研究的创新之点与上述内容紧密联系。

第一，用思辨的方法逐步厘清幸福的概念，从而增强对幸福概念界定的说服力。

第二，用递进的方法，把有关幸福问题的研究从理论到实践联系起来。如，从探讨幸福到构建幸福：幸福→幸福观→幸福感→幸福指数→幸福人和幸福社会。

第三，从“经济、政治、文化、社会和生态”等五个方面与幸福的关系进行系统的分析，并提出从“五个文明”的视角建构幸福社会。

第一章
幸福追问

第一节　人生终极目的之问

目的是人们在实践活动中根据需要而设定的行动指针。目的会引发人们的行为，并指引人们的各种实践活动。譬如，锻炼身体的目的是为了有一个强健的体魄；学习的目的是为了提高能力，提升修养；改革开放的目的是要解放和发展社会生产力，实现国家现代化，给人民群众创造更好的物质、精神和生态文明，让站起来的中国富起来，让富裕起来的中国强起来，让强起来的中国的人民更幸福。

在现实世界中，目的是多种多样的。根据目的之间所具有的内在逻辑关系，我们可以将其分为具体目的、中间目的和终极目的。其中，终极目的"规定着所有目的或目标的选择和确定，同时又是所有目的或目标的最后指向和最高追求"[①]，终极目的是在"具体目的"完成之后，经过"中间目的"的发展，最后才得以实现的。

那么，什么是人生的终极目的或者说怎样的终极目标才符合人的本性的发展？这是大家都急于想知道或想解决的问题。在人类历史上，关于人生的终极目的问题一直存在争议，最后的焦点归结于：究竟是幸福还是道德是人生的终极目的。

有人主张道德才是人生的终极目的。因为把幸福作为人生的终极目的，在现实生活中容易导致下列情况出现：追求感官快乐，寻求享乐刺激，迷恋奢侈浮华。这些都会使社会风俗败坏，使得人类自甘堕落，最终对人自身的生活造成深重的伤害。正因为如此，苏格拉底"立志提升和净化人的灵魂"，"把人从愚昧无知中、感性

① 江畅、周鸿雁主编：《幸福与优雅》，人民出版社 2006 年版，第 75 页。

世界中、情欲控制中解放出来，引导人依靠自身心灵的修炼和力量，以至善为目标”①进行追求。中国传统儒家思想也是首选道德作为终极目标。儒家思想创始人孔子与同时代的苏格拉底一样抛开导致人类平庸、堕落的“幸福”，主张道德至上。孟子也认为人区别于禽兽的根本是道德，只有道德才是人的本质属性，并且从人的心理感受和体验论证了道德的本原地位，如“人皆有不忍人之心”和“人之有四端也，犹其有四体也”(《孟子・公孙丑上》)。但在现代社会当中，人们发现把道德作为人生的终极目的并不科学，所以人生的终极目的“幸福说”的观点逐步取代了“道德说”。

第一，有人之所以选择和确立道德作为终极目标，是因为他们认为道德是人的本质，是人与动物的本质区别，只有把道德作为人的终极目的才能充分体现人之为人的本质。但“人的本质并不在于人具有其他动物所不具有的特性，而在于人既具有其他动物具有的特性，又具有其他动物不具有的特性，这两个方面才构成完整的人性或人的本质。”②我们认为，人性是介于神性和兽性之间，但人性又是来源于“兽性”，因为人是由动物进化而来，这决定人类永远无法脱离动物性，正如恩格斯所说，“人来源于动物界这一事实已经决定人永远不能完全摆脱兽性，所以问题永远只能在于摆脱得多些或少些，在于兽性或人性的程度上的差异。”③同样，人也无法达到神性境界。因为若某人能进入神性境界，他就不是现实意义的人了，而是变成了神。既然人无法摆脱“兽性”，就只能培养人的道德使其尽可能远离“兽性”，以彰显人性；既然人也无法达到神性境界，也应培养人的道德使其趋向神性。道德只是作为兽性—

---

① 王永年：《生命的张力：人类双重价值追求论略》，海风出版社2002年版，第69页。

② 江畅、周鸿雁主编：《幸福与优雅》，人民出版社2006年版，第76页。

③ 马克思、恩格斯：《马克思恩格斯选集》第3卷，人民出版社1995年版，第78页。

人性—神性之间进化发展的工具，而非人的本质。人类利用道德作为工具，期望少点“兽性”，以免人类自甘堕落；多点“神性”，以使人性光芒四射。但如果把道德作为人的终极目的就会完全割裂人性与“兽性”之间的进化关系，同样也是无视人性与神性的不同。

第二，从人的发展来说，把道德作为人的终极目的可能会不利于人的发展。因为道德至上只会注重整体和社会利益，而很容易忽视甚至无视个体利益。个体利益一旦被忽视或无视，结果可能导致人性被压抑，自由被限制。这样，个体的发展就会受到制约。

历史上，人们把道德作为人生的终极目的有一个较为重要的原因是道德具有良好的社会调节功能。在阶级社会，政治与道德常常密切结合，统治者“一方面利用道德观念来论证政治制度的合理性，另一方面则用政治力量来强化道德观念”[①]。道德与政治的密切联系是因为道德具有有用性。这种道德本身的有用性使其得到统治阶级的厚爱，统治阶级把道德当作“社会秩序和整体利益的根本保证”。[②]

我们认为，只有幸福才有资格戴上人生终极目的这顶桂冠，理由有以下几点：

首先，毋庸置疑的一个基本事实是广大民众始终是把幸福作为自己人生的终极目的。不管他们对幸福内涵的认识分歧多么巨大，但毫不妨碍他们各自对幸福的追求。根据人类的自然情感，追求幸福符合人之本性。一般而言，“人绝不满足于仅仅吃饱，更要吃好；不仅要吃好，还要更多的生活乐趣；不仅要自己现在有生活乐趣，更盼望永远有生活乐趣”。[③] 生活中有乐趣，就是生活中充满快乐，而

---

① 宋希仁主编：《道德观通论》，高等教育出版社2000年版，第36页。

② 江畅、周鸿雁主编：《幸福与优雅》，人民出版社2006年版，第76页。

③ 胡纪泽：《中国人的焦虑：一次文化突围的尝试》，工人出版社2008年版，第59页。

幸福蕴含着快乐，所以恩格斯会说“每个人都在谋求幸福”[①]。

其次，从行为的发展来说，人的行为最终也是指向幸福的。前文曾说，我们锻炼身体是为了拥有强健的体魄，但是为什么要拥有强健的体魄？其真正的目的是为了获取幸福准备优良的身体条件；我们学习知识的目的是为了提高能力，尤其是要提高生存能力，最后的目的还是为人生幸福创造条件。再如，过去“我们革命的目的是为众生谋幸福”[②]，“为了使中华民族得到解放……为了使人民得到经济的幸福”[③]，现在“我们坚持以人为本，最终是为了实现人的全面发展……实现社会公平和正义，使 13 亿中国人民过上幸福生活”[④]。总之，“我们所做的一切，都是为了让人民生活得更加幸福、更有尊严。”[⑤]“在新的历史时期，中国梦的本质是国家富强、民族振兴、人民幸福。”[⑥]所以说，我们小到个体行为，大到国家行为最后都是指向幸福。

最后，从终极目的自身的性质来看，人生的终极目的也只有幸福。一是终极目的具有绝对性，它因自身而善，具有绝对的价值。打个比喻，如果我们欲求“A”，真实目的却是为了“B”，但是欲求“B”则只是为了“B”自身，那么，“B”无疑就是绝对的，而“A”则只具有相对性。在现实生活中，人们总是由于幸福本身去选择幸福，而不会因为其他任何原因去选择幸福。因此，幸福是一切其他目的的终结，拥有无可撼动的终极地位。还有，终极目的应该具有自足

---

① 马克思、恩格斯：《马克思恩格斯全集》第 42 卷，人民出版社 1979 年版，第 374 页。

② 孙中山：《孙中山非常言：论道 1896～1925》，叶匡政编，人民日报出版社 2011 年版，第 54 页。

③ 毛泽东：《毛泽东文集》第 1 卷，人民出版社 1993 年版，第 21 页。

④ 胡锦涛：《在美国耶鲁大学的演讲》，新华网 2006 年 4 月 21 日。

⑤ 温家宝：《在春节团拜会上的讲话》，新华网 2010 年 2 月 12 日。

⑥ 习近平：《习近平谈治国理政》，外文出版社 2014 年版，第 56 页。

性，而幸福具有自足性，因为它无须其他任何东西就足以使人的生活有意义、有价值，而且“它必须包括行为者的一切目的”[1]。可见，幸福始终因其自身而被欲求，它是“完善的和自足的，是所有活动的目的”。[2] 幸福因自身而善，是荣誉、快乐、德行和其他任何品性无可比拟的。

朱光潜说：“哲学家们都承认，人生的最高目的是幸福。”[3]人的一切活动最终目的都是为了幸福。人类无论是改造自然、社会，还是改造人自身的活动，都是对不幸福状态的反抗，对造成这种不幸福状态的自然、社会和自身因素进行改造。人类的最终追求就是因自身而善的幸福，而对只具有工具性价值的名利、权力、地位和金钱的态度，则看它们是否有利于人们获取幸福。倘若它们无益于幸福，人类则会弃之如敝屣。

事实证明，人在追求幸福的过程中，不断改变主观与客观世界，完善自我人生；人类在追求幸福的过程中，书写人类的历史，同时也是在追求幸福的过程中，推动着社会历史的进步与发展。

第二节　幸福价值之思

要研究幸福的价值，必须先科学地认识价值。苏联哲学家图

---

① Julia Annas. The Morality of Happiness, New York Oxford University Press, 1993, pp.40 - 41.

② ［古希腊］亚里士多德：《尼各马科伦理学》，廖申白译，商务印书馆 2011 年版，第 19 页。

③ https://baike.baidu.com/item/%E8%B0%88%E4%BA%BA%E7%94%9F%E4%BB%B7%E5%80%BC/9986448?fr=aladdin.

加林诺夫认为,“价值概念起源于这样的日常基本事实:人们在日常生活中,通过利用各种物体及其特性,利用各种物体和自然力,同时也利用人们社会活动的各种‘产品’来满足自己各种各样的需要。这些客体的一部分是对人有益的、必需的,既能满足人们需要的;另一部分则是有害的、不需要的、无益的。人们把前一种客体归结为价值物。”①很多人都赞同这种观点,即价值的意义就在于需要的满足。但是倘若按照上述有关价值的理解推论幸福的价值,就可能得出滑稽结论:因为人类有幸福的需要,而幸福满足了人类幸福的需要,所以幸福具有价值。但幸福根本不是世上具体的存在之物,我们怎样利用幸福来满足人类幸福的需要呢?那么幸福具有价值就值得怀疑。不过大家还是会深信幸福具有价值,因为它是我们人类追求的终极目的。的确如此,幸福尽管不具有上述功用价值,但它具有内在价值,包括幸福的终极价值和动力价值。

一、幸福的终极价值

前文我们阐述了幸福是人生的终极目的,实质上就表明幸福具有终极价值。从历史上看,幸福一直是西方人追求的终极价值。从古希腊开始,幸福就已经成为社会普遍认同和追求的首要价值。即使在中世纪,幸福仍是绝大部分思想家所主张,并被芸芸众生追奉为人生终极目标的。

尽管康德认为,“人们是为了另外更高的理想而生存,理性所固有的使命就是实现这一理想,而不是幸福。它作为最高的条件,当然远在个人意图之上。”②但就人的本性而言,人们还是趋向认

---

① [苏联]图加林诺夫:《马克思主义中的价值论》,齐友、王霁、安启念译,中国人民大学出版社1989年版,第7页。

② [德]康德:《道德形而上学原理》,苗力田译,上海世纪出版集团上海人民出版社2005年版,第11页。

为幸福具有终极价值，道德只是服务于幸福。

在中国古代，儒家思想长时间占据正统位置，道德也曾被推崇到至高无上的地位，认为人就是应该追求道德高尚，但"在民间，人们一代又一代地传承和发扬'福'的观念，自觉或不自觉地追求着幸福，并形成了尚福、祈福、致福、祝福的传统"①，这一点，我们在春节中感触更深，"福"字抬头就见。春节贴"福"字，就是寄托了人们对幸福生活的向往，也表达了他们对美好未来的祝愿。

直到现在，幸福的终极价值已经上升到国家层面，国民幸福成为国家的终极追求，国民幸福也成为国家政策的指针。对国家而言，应该将国民幸福视为公共政策的最终判定标准。比如，在进行政策的选择与取舍时，一般可以适时采用"公平为主、兼顾效率"或者"效率优先、兼顾公平"的政策，但当公平和效率这两种基本价值取向发生冲突时，就应发挥"国民幸福"终极价值作用进行终决，从而选择最有利于国民幸福的政策。

二、幸福的动力价值

人类不会满足动物式的生存，人类的努力是为了生活，而且还要生活得幸福。英国哲学家休谟说过："一切人类努力的伟大目标在于获得幸福。"尽管人们对幸福的理解不同，但是人们对幸福的追求是永恒的。

对个体而言，幸福是每个人人生追求的动力。个体为着各自所信奉的幸福理念，自觉地去实现其期望得到的幸福。个体在追求幸福过程中会使出浑身解数，发挥各自的潜能去追求他所认同的幸福。要想获取幸福，就不能懒惰或坐享其成，而需要去创造，去拼搏，因为幸福是享受与创造的统一。所以，幸福就像一盏明灯

① 王艳菊：《论幸福作为核心终极价值》，《中国德育》2008年第2期。

指导着人们努力奋斗，并不断创造自己的历史。

对整个人类来说，幸福具有强大的社会凝聚力，它凝聚社会的全体成员共同追求幸福，促进社会的发展。而且，人类在追求幸福的过程中推动科学的发展、技术的提高、文明的进步，推动人们改造自然和社会，更好地维护人类自身的权益。

总之，无论是从个体，还是整个人类的视角来看，幸福都具有极强的动力价值，它既是个体为生活而奋斗的动力，也是人类社会发展的动力。

第三节 幸福概念之辩

既然幸福是人生的终极目的，是人类永恒的向往和追求，那么毫无疑问不管是依循人的自然本性，还是遵从人类社会的道德法则，都必然留下一道追寻幸福的轨迹。因此，美国哲学家威廉·詹姆斯说："大多数人的所作所为，以及对逆境的忍受，背后秘而不宣的动机其实都是为了获取幸福、保有幸福、找回幸福。"①但一个最简单的问题"何为幸福"，就噎住了人类追求幸福的思绪。

不同的人，不同的时间，不同的情况，对幸福的态度迥异。有一个故事讲到了一位老人与一位年轻人的对话。老人每天都会在一个池塘边垂钓。每天钓完两小时的鱼后，他就会收拾起渔具扬长而去。久而久之，老人的举动引起了一位年轻人的好奇。终于有一天他忍不住问老人：当钓的鱼很多的时候，为何不继续下去？

---

① William James. *Varieties of Religious Experience: A Study in Human Nature*, London: Routledge, 2002, p.66.

老人微笑着反问道：我钓的鱼足以满足一天的温饱，余下的时间我可以欣赏朝霞、落日、会会朋友。更多的鱼于我有何用？年轻人却说，更多的鱼可以拿去卖后换成渔网，再捕更多的鱼，再换成渔船，再组成船队，再捕更多的鱼，赚更多的钱。听了年轻人的一番话，老人便问，实现了这一切后，你还做什么？年轻人不知该如何作答，他也的确还没有想过这个问题。在年轻人看来，尽管自己的生活是单色调的，但一直追寻着的目标实现了，这就是一种幸福；老人的生活可谓五彩斑斓，生活中的赤、橙、黄、绿、青、蓝、紫，各色都有了，于他而言，这样的生活也是一种幸福。因此，尽管古今中外的思想家们曾就幸福的概念进行过缜密的思考和论证，却也总是见仁见智。

一、幸福概念的模糊性

历史上，无论智者哲人，还是平民百姓，都试图给“何谓幸福”寻找完满的答案，但不同的人有不同的意见，甚至大相径庭：有人主张幸福等同于快乐，“幸福是连续的快乐”①；而有人则主张，幸福是一种品质，“给人幸福的不是身体上的好处，也不是财富，而是正直和谨慎”②。不同时代和不同文化对幸福的见解也迥然不同：在古希腊，幸福等同于智慧和德行；在中世纪，幸福等同于天堂；在中国古代儒家推崇“美德”即幸福；而道家的幸福是顺应天道；佛教则是把幸福寄托在极乐世界。

难怪康德会说，“幸福的概念是如此模糊，以至虽然人人都想得到它，但是，却谁也不能对自己所决定追求或选择的东西，说得

---

① 北京大学哲学系编译：《十八世纪法国哲学》，商务印书馆 1979 年版，第 649 页。

② 周辅成选编：《西方伦理学名著选辑》(上)，商务印书馆 1964 年版，第 74 页。

清楚明白,条理一贯。”①布伦诺・S.弗雷则进一步认为,“因为幸福是一个捉摸不定的概念,所以继续对其进行定义的做法是不会产生太大的意义的。”②

但是,我们认为如果在探讨幸福的有关问题时,不对幸福概念进行界定则不符合人们认识事物的习惯,对一个事物的概念都没有弄清,就根本无法深入地认识、论证它,因为任何一个定义,都是整个理论的一个浓缩,“概念的展开就是全部理论”③。当然,我们对幸福进行定义不能为了迎合人们的惯性思维而牵强附会,而应该进行充分的论证,从而来剖析幸福。

二、幸福“满足说”及“快乐说”的悖论

很多人对幸福的看法是朴素的、经验性的,把“欲望的满足”或“愿望的实现”当成幸福。“欲望一般是指人对他的冲动有了自觉而言,所以欲望可以解说为我们意识的冲动。”④而“冲动是无意识的:虽求实现,而不知实现者是什么;虽系一种要求,而不知所要求者是什么。若冲动而含有知识的分子,不但要求,而且对于所要求者,有相当的知识,则此即所谓欲望。”⑤人之所以会产生欲望,乃是缺乏,是自身对某种东西的缺乏,因为自身缺乏某种东西,人们才会欲求它,正如饥饿才会寻求果腹,不知才会想尽办法去解除疑惑。当这种欲望得到满足或愿望得以实现,人们就会感到幸福。南宋洪迈在《容斋四笔・得意失意诗》中提出人生四大喜事似乎也

① 周辅成选编:《西方伦理学名著选辑》(下),商务印书馆 1987 年版,第 366 页。

② [瑞士] 布伦诺・S.弗雷,阿洛伊斯・斯塔特勒:《幸福与经济学:经济和制度对人类福祉的影响》,静也译,北京大学出版社 2006 年版,第 4 页。

③ 汪丁丁:《市场经济与道德基础》,上海人民出版社 2006 年版,第 166 页。

④ [荷兰] 斯宾诺莎:《伦理学》,贺麟译,商务印书馆 1997 年版,第 107 页。

⑤ 冯友兰:《三松堂全集》(第 2 卷),河南人民出版社 2001 年版,第 9 页。

能证明了这一点:“久旱逢甘雨,他乡见故知,洞房花烛夜,金榜挂名时。”中国古代读书人除了接受教育、习得礼仪、提高修养外,多数人更期待的是金榜挂(题)名,一旦士人最终博取功名的愿望得以实现,对他们来说就是件幸福的事情;洞房花烛时也是一大喜事,因为人性的欲望和内在情感都得到满足;他乡见(遇)故知满足了人际交往需求,这种惊喜同样令人激动。还有,万物生长离不开甘雨的滋润,长时间遭遇干旱的植物,巧遇天公作美一定是“手舞足蹈”;对人来说,盼望已久最后终于如愿以偿当然值得欣喜。在此,不管这四件喜事是否有量或质的差别,但它们之所以可喜的共同点乃是“欲达愿随”。

但是,我们认为如果把欲望的满足当成幸福的话,幸福就变得言人人殊,成为一个相对性概念。首先,个体的欲望一定是不同的,这样幸福也就不同。古代吕底亚的国王克洛伊索斯可以说“富贵就是幸福”,梭伦则可以主张“只有中等财产的人最幸福”,而对颜回来说“箪食瓢饮陋巷”也可以幸福。如此,幸福就不具有公度性,“此人之幸”与“彼人之福”的构成要素变得“风马牛不相及”。其次,如果幸福是欲望的满足的话,个体自身的幸福就会跟随需要而变。“在生病时说它是健康;在穷困时说它是财富;在感到了自己无知时,又对那些提出无法理解的宏论的人无比崇拜。”①而由于个人欲望何其多,结果必然是幸福无尽期,最终导致人们怀疑“人间自有幸福在”。还有,人生由许多阶段构成,“有生理上的生长、成熟和衰老;有心理上的形成、发展和丰富;有事业上的选择、奋斗和成就”②,人生过程中的每个阶段都具有其独特的内容和形

① [古希腊]亚里士多德:《尼各马科伦理学》,廖申白译注,商务印书馆2003年版,第9页。

② 宋希仁:《人生哲学导论》,山西教育出版社2003年版,第41页。

式。如果幸福因生活目标的改变、生活需求的变化而变化，此一时彼一时的幸福都不同，那么幸福就不具有恒定性，它无法成为评价话语，因为我们必须随时准备修改自己刚刚作出的有关幸福的自我判断。最后，倘若循着幸福是欲望的满足进行推导，我们还发现其会得出自我否定的结论。苏格拉底就曾问卡利克勒斯："请告诉我，如果一个人身上发痒，用手去挠，挠到心满意足，并且一生都这样挠下去，是否也能说他生活幸福呢？"现实中也会有人想自杀，那么他欲望的满足一定是结束生命，但他自杀时可能是幸福吗？答案是显而易见的，因为幸福绝不是不得已而为之的事情。

欲望的满足，其实就是需要的实现。就人的欲望来说，通常情况下它是能正确地反映人自身内在的需要，但它毕竟不是理性的指针，完全可能成为膨胀或扭曲的客观需要的帮凶。欲望是不讲道理的，被欲望控制的人也是非理性的，他会兴高采烈地做蠢事而且还乐此不疲。这就很容易造成有的人在追求满足某些欲望时，不但未给自己带来幸福，反而招致不幸和痛苦。因此，欲望的满足不能真正地对幸福进行解释和界定。

既然用欲望的满足不能科学地说明幸福问题，那么，换个思考的方向，用快乐来阐述幸福总不会走偏，因为幸福一定是人们所乐见、乐享之物。古希腊哲学家德谟克利特曾认为幸福就是快乐，当然他主张"只追求高尚的快乐"①，但历史上赫拉克利特早就对该种观点做出了否定回答：因为"如果幸福在于肉体的快感，那么就应当说，牛找到草料吃的时候是幸福的"②。据此，幸福和快乐应该不同。我们认为，一般而言，快乐是人对某种需要、欲望的实现，是目标达成的心理体验，快乐只是表达人的感受性，但幸福不同于快乐，因为幸福不是单

① 周辅成选编：《西方伦理学名著选辑》(上)，商务印书馆1964年版，第83页。
② 周辅成选编：《西方伦理学名著选辑》(上)，商务印书馆1964年版，第13页。

纯的心理体验，而是感受后的一个综合评价，是人们继对快乐和痛苦的感受性之后的一种判断和反思。它是个体对生活状态的一种事实判断和对生活意义的一种价值判断，对于内在价值的体认。幸福的人会感到快乐，但快乐未必能让人感到幸福，当然不快乐的人一定是不幸福的。众所周知，人类一直善于寻欢作乐且不断翻新花样，从高度发达的衣、食、住、行、性到旅游、娱乐、健身，等等。我们认为幸福生活是快乐的，但它必须以全部身心作为依持，始终在流动着并趋向于对美好世界的追求。如果把幸福简单地等同于快乐，那么就会出现追求快乐却并不幸福的反例，使其自相矛盾。

那么，幸福与快乐又是什么关系？有学者对幸福和快乐进行了理论上的区分，认为“幸福是重大的人生快乐”①。我们认为这种区分的意义不大，因为其所论述的幸福的快乐性没变，只不过是持续性、强度和意义不同，本质上依旧是快乐。此时，我们不禁要问，倘若有人一生穷其所有都无法经历什么重大的人生快乐，他的日子过得平静却很充实，他身心健康、家庭和睦，不愁吃也不愁穿，我们能够说他不幸福吗？

三、幸福“实现说”的困境

欲望的满足或快乐都是感受性、经验性的，经验性的东西阐明有关幸福的问题似乎注定会遇到上述困难。那么，从理性视角切入可否破解幸福之谜？

譬如，幸福是客观的，是自我完善、自我实现和自我成就，是自我潜能的完满实现和人的全面发展，像亚里士多德说：“幸福是灵魂的一种完满德性的活动。”②在这里，德性是指一种最好的品质，

---

① 孙英：《幸福论》，人民出版社 2004 年版，第 18 页。

② ［古希腊］亚里士多德：《尼各马科伦理学》，廖申白译注，商务印书馆 2003 年版，第 32 页。

完善德性的活动也就是自我“优良性、优良品质”的实现。包尔生继承了亚里士多德的观点，认为“幸福或福祉在于所有德性和能力的训练和实行，特别是那种最高的德性和能力的训练和实行”[①]。根据马斯洛的需要层次论，“自我实现”的层次最高，人们若能自我实现就能获得幸福，只不过它一定是“追求者众，实现者寡”。现实生活中，就有人尽其所能仍然无法达到自我实现和全面发展，那么是否他就从此与幸福绝缘呢？当然不是，如有人无法享受创造性幸福，但也许他可以享受到消费性幸福；他不能获得完全的精神幸福，至少还可以享受物质幸福，只是幸福程度和性质不同而已。我们认为幸福“自我实现”之说是手段和目的混淆，人的自我实现、全面发展只是实现其幸福的一种理想途径。

至此，幸福究竟是什么，还是不得而知，它自身是否确实是其他东西的替身从而蒙住了世人的眼睛，像德国哲学家威廉·施密德所说：“寻找‘幸福’的人找的其实往往是‘意义’，‘幸福’只是被选中代替‘意义’而已……多数人更爱谈幸福，因为幸福是一个人人都说、人人似乎都懂的词。而‘意义’听起来很抽象，很多人怕找它，因为他们感到这种寻找可能会打开通往深渊之门。”[②]他认为，意义是一种关联，人们若是能感受到意义，就会感到幸福。幸福只是个伪问题，真问题是意义，人永远不可能把握幸福，但在追寻生命意义的过程中，你将获得幸福感。的确，人们感觉生活有意义，往往就会产生幸福感，因为这时他们体验到生命的价值，但是“有意义”这个词本身又是什么呢？我们又该如何判断生命过程的意义，或者说生活怎样才算“有意义”？其仍然无法让人清楚明白。

---

① ［德］包尔生：《伦理学体系》，何怀宏、廖申白译，中国社会科学出版社 1988 年版，第 235 页。

② ［德］威廉·施密德：《幸福》，黄霄翎译，上海译文出版社 2012 年版，第 86 页。

因此，用“有意义”来定义幸福或许还是换汤不换药，我们认为它至多只能算是一个缓兵之计。聪明的哈佛大学教授泰勒·本-沙哈尔把意义和快乐关联起来，认为“幸福是‘快乐与意义的结合’，真正快乐的人，会在自己觉得有意义的生活方式里享受它的点点滴滴……快乐代表现在的美好时光，属于当前的利益；意义则来自目的，一种未来的利益”[①]。在快乐的基础上加上了“意义”一词，告诉我们要在快乐的方向上进行把控，生命应有目的、有追求，生命应有价值。但是泰勒·本-沙哈尔主张幸福是“快乐与意义的结合”，别人也可以提出幸福是“快乐与价值实现的结合”或“快乐与高尚目的的结合”，等等，不一而足。“意义”只是注意了对快乐方向的调整，但是价值实现或高尚目的同样可以规定快乐的方向，总而言之，它们都可以避免乐极生悲。因此，把快乐和意义进行结合来定义幸福，并不具有终极价值。不过可喜的是，他最终又把快乐拉回到探讨“幸福”的视野。

四、幸福概念的最终确证

我们始终认为幸福一定离不开快乐，快乐是它的必含要素，只是它不是单纯的快乐。“幸福是一种持续的快乐”[②]的观点是有失偏颇的。快乐是一种直接感受，是外界的对象物作用于人的神经系统的反应。人的需要获得满足之后随之而来的那种情绪体验就是快乐。有时快乐类似于条件反射，完全是一种无意识反应。科学研究表明：任何人只要他大脑兴奋区域受到刺激而被激活，脑内多巴胺上升就会产生快乐的感觉。但持续的快乐并不一定就是

---

① [美]泰勒·本-沙哈尔：《幸福的方法》，王冰、刘骏杰译，当代中国出版社2007年版，第34页。

② [德]莱布尼茨：《人类理智新论》(上)，陈修斋译，商务印书馆1982年版，第188页。

幸福，它可能是一种病态的快乐，有时人们甚至希冀从某些快乐中逃离，因为持续的、过度的快乐对人的肉体来说可能是一种痛苦的折磨。正常状态下人们不会选择“快乐永动机”，也不会服用“百忧解”等药物。

不能把快乐和幸福混为一谈：一是没有人能保证自己一生拥有持续的快乐；二是就人类本身的特性而言，任何人都无法承受长期的兴奋状态。幸福离不开快乐，但快乐绝不等同于幸福，因为单纯的“多巴胺”刺激不能让人感到幸福。幸福是先有一个对快乐作出判断的过程，它产生在快乐之后。而且“快乐是消费性的，每次快乐都一次性消费掉，它留不下什么决定人生意义的东西”，相反“与快乐相比，每一种幸福都是非消费性的，它会以纯粹意义的方式对于保存及被保存积累，会永远成为一个人生活世界中抹不掉的一层意义”①。所以，尽管快乐稍纵即逝，但人类可以把幸福留下。人类不会把快乐作为最后的选择，而“只有幸福才有资格称作绝对最后的”②。

痛苦也是幸福必要的组成部分。一般来说，追求幸福就要尽力避免和克服痛苦，但幸福实际上根本离不开痛苦。首先，快乐是相对于痛苦而言的，没有痛苦也就无所谓快乐。没有痛苦和快乐，人们就无法进行苦乐的比较。这样，幸福就将不复存在。再者，很多幸福孕育和来源于痛苦。众所周知，针灸痛、良药苦，但痛后、苦后人们感到的是舒服、得到的是健康；分娩疼、养育累，但为人父母、养儿育女却享受天伦之乐。人们在经历这些痛苦时往往会调动自身潜能超越此种痛苦获取幸福，做到苦尽甘来。另外，还有过

① 赵汀阳：《论可能生活：一种关于公正和幸福的理论》，中国人民大学出版社2004年版，第145页。

② ［古希腊］亚里士多德：《尼各马科伦理学》，廖申白译注，商务印书馆2003年版，第10页。

去的痛苦可以转变为现在幸福的回忆，且经常是经历的痛苦越深，幸福感越强。不过，我们不能过分夸大痛苦的作用，它只是如同力学中的参照物一样起到比较作用，或者说如同酿酒的酵母起到转化作用。因为，人们绝不会为痛苦而痛苦。人们忍受痛苦的煎熬，一定是为了幸福而甘愿放弃眼前或现在的快乐。

快乐和痛苦就像生活中的糖和盐，永远与人类相伴。幸福的追求实质上是一种快乐与痛苦的博弈过程。人们在理性和意志的指导下对快乐做出判断和选择，对痛苦进行评价并判断其是否值得忍受。当人们在生活中获得快乐的感受大于痛苦所带来的不幸，对生活状态进行综合判断就会得出的一种正向阈值（临界值），此时内心产生的心理感受与精神体验就是幸福。“正向”首先要求方向向善，合乎道德，有利于人自身的生存和发展；其次是量值要大于零，确保幸福的主体——人的身心处于和谐状态。

当然，对快乐与痛苦的比较无法通过简单的减法计算而得出确切的数值，它是一个复杂的认知和评价过程。譬如，在实际生活中经常有人因小快乐产生大幸福，也有人因小痛苦酿成大不幸。还有“某些快乐是伴随着痛苦的，人的整个一生有可能被一时的快乐给毁掉。理性动物能够据过去以知将来，因而愿意放弃现在一时的快乐甚至接受暂时的痛苦而去换取将来长久的快乐”。① 再有，人类还存在一种双重意义的感觉，就是快乐与痛苦同时并存。有时你付出巨大，但回报却与其明显不成正比。你会很生气、很愤怒，但毕竟又有回报，只是回报不多，心里还是暗含愉快之情，这种愉快情绪融入你的消极情绪当中；有时你历经艰辛与磨炼期待一个宏大目标的实现，这时消极的情绪也融入你的愉快情绪当中。

---

① ［美］弗兰克·梯利：《伦理学导论》，何意译，广西师范大学出版社 2001 年版，第 138 页。

这就是人们常说的“痛并快乐着”。同样，也有许多人贪图快乐结果陷入痛苦之渊，正所谓“乐极生悲”。但不管判断幸福如何困难，聪明的人类往往还是能对自己是否幸福大致做出较为准确的判断。也许有时会感觉模糊，但他们的判断是可以做到大体准确的，正如应用了模糊控制技术的空调器、电冰箱、洗衣机和洗碗机能控制精度一样。

我们认为，不管是个人幸福还是社会幸福，都有个正向阈值。如果人们对生活的方方面面进行判断后得出的是正向的阈值，他们就会觉得生活美好，自己的存在有价值，幸福感就会油然而生。同样，如果社会绝大多数人都认为某种状态是幸福的，那么对这种状态的判断就应该有一个正向阈值。当然，个人的幸福判断与社会绝大多数人的幸福判断可能会产生冲突，这时人们应该允许它们之间进行协调。一般情况下，个人幸福应该尽可能地与社会幸福相一致，但如果个人所主张的幸福理由充分，甚至足以驳倒多数人赞同的社会幸福，则社会应该尊重个人的幸福追求。

第四节 幸福在苦乐之后

人都有苦乐的感受，包括生理、心理、物质和精神上的苦乐，这些苦乐感受源于人之本性，影响人的幸福。

一、幸福在快乐之后

幸福是由个体对快乐和痛苦进行比较而产生的。“快乐往往产生于单个情景事件的刺激反应。而单个情景事件的刺激反应如果来自非合理需要的满足，则必然导致痛苦。”[①]快乐是人们主观上感到愉悦的身心状态，源于一种感觉，是外界的对象物作用于人的神经系统的反应。任何人只要其大脑兴奋区域受到刺激而被激活，脑内的多巴胺就会上升，从而产生快乐的感觉。但由于刺激往往难以长时间保持，所以快乐也只能短暂存在。而幸福则是产生于对生活的方方面面的苦乐感受之后的总体评价。例如，夏日炎炎，你渴了喝口水，你会觉得真舒服，这就是快乐；渴了有水，但你没喝，依然是痛苦。不过，同样是你渴了，如果会危及生命，你只要看到水，知道自己能得救了，不管你喝了与否，幸福感都会油然而生。此时的幸福是人们对生存的快乐与死亡的痛苦比较而产生的。所以，我们认为，幸福必定先有一个对快乐做出理性判断的过程，它只能发生在快乐之后，正如莱布尼茨所说，“理性和意志引导我们走向幸福，而感觉和欲望只是把我们引向快乐”[②]。因为快乐完全是感受性的，但人们的感觉不能保证百分之百正确，甚至可以说它经常犯错。所以，随之而来由感觉所产生的快乐具有虚假性。

1954 年，奥尔兹发现在动物的丘脑下部和某些中枢核区是“快乐中枢”。“奥尔兹给实验鼠间脑之间的下丘脑插入一个薄薄的电极，将电极的电线接上按钮，实验鼠通过按钮给自己施加微弱的电击来刺激某一脑中枢。结果这只可怜的实验鼠就再也离不开那个按钮了，它忘却了一切，疯了似的压下按钮，科学家居然已测到了每小时 6 000 次的自我刺激。”[③]

人类也一样，有些人就因为受到快乐的诱导而疯狂，他们沉溺于赌博、吸毒、网游。他们追求强烈的刺激，拼命地激活大脑的兴

---

① 吕秀斌：《幸福之道》，群众出版社 2011 年版，第 72 页。

② ［德］莱布尼茨：《人类理智新论》（上），陈修斋译，商务印书馆 1982 年版，第 188 页。

③ ［德］克莱因：《幸福之源》，方霞译，中信出版社 2007 年版，第 101 页。

奋区域，寻求高强度的快乐感觉。但是这种感觉我们只会把它称为快乐，而不会把它称为幸福。我们快乐与否往往没有经过理性的逻辑的思考，只是感觉告诉我们的，但幸福是在理性和意志的指导下，会对快乐做出判断和选择，还会对痛苦进行评价，并判断其是否值得忍受。所以，幸福之人往往具有智慧，他们能在生活中对快乐和痛苦做出正确的判断并付诸行动。

二、幸福在痛苦之后

人们常说趋利避害、趋乐避苦是人的本性，但不能说“幸福是一种持续的快乐”[①]。因为保持持续的快乐并不一定就是幸福，它可能是一种虚幻的快乐，正如穆勒所说，“幸福不是持续不断的兴高采烈，不是狂欢的生活，而是生活中痛苦少而短暂，快乐多而变动不居，积极主动的东西远远超过消极被动的东西，并且整个生活的基础在于，期望于生活的不多于生活中能得到的。”[②]人的一切活动几乎都与他的苦乐感受有关。基于此，边沁才说“自然把人类置于两位主公——快乐和痛苦——的主宰之下”[③]。快乐和痛苦永远与人相伴。痛苦对人生来说是不可或缺的，是人生的必要组成部分。肯定生命的存在，就要肯定痛苦的价值。与快乐相对，痛苦是一种难受的心理体验。一般来说，幸福就是避免和克服痛苦，可幸福又离不开痛苦，正如前文所说“很多幸福孕育和来源于痛苦”。人们在经历痛苦时往往会调动自身潜能超越此种痛苦，从而获取幸福。此时，可以认为幸福是历经痛苦换来的，痛苦似乎是幸福的一部分。比如疾病让人感到健康的幸福，疲劳使人得到片刻休

---

① ［德］莱布尼茨：《人类理智新论》（上），陈修斋译，商务印书馆 1982 年版，第 188 页。

② ［英］约翰·穆勒：《功利主义》，徐大健译，商务印书馆 2007 年版，第 13 页。

③ ［英］边沁：《道德与立法原理导论》，时殷弘译，商务印书馆 2000 年版，第 58 页。

息也觉得舒服。因此，感受快乐和承担痛苦是人生的必然体验，为追求快乐而遭遇痛苦，为放逐痛苦而巧遇幸福是经常发生的事情。当然，人不能如基督教那样悲观地认为人生就是无休无止的苦难。

人类的内在苦乐感受性，维持人类的生存和发展。边沁曾说："在人类的躯体中，感觉快乐和痛苦的能力是天生的；它是人类本性的组成部分，是这一种类存在的一部分。对此他无法选择，决定他快乐和痛苦的躯体感觉的标准是既定的。"①人类躯体中的苦乐机制维系人类生命的存在，苦乐感受就像红绿灯一样指示着人类前行或停止。痛苦并非总是不幸，相反，它是人类必须承受的心理感受。有时，适度的痛苦刺激人们的神经，促使人类珍惜既有的幸福。

总之，幸福产生于快乐和痛苦之后，没有快乐就没有幸福，同样，没有痛苦也没有幸福。我们人生需要幸福，我们需要快乐，但不排斥必须承受的痛苦。只要苦乐比较后的心理感受和情绪体验是正向的，我们就会真正地感到幸福。

第五节 幸福在主客观结合处

在明晓幸福是什么之后，接下来需要探寻的就是"幸福在哪里"，因为人们探讨幸福的初衷就是想提高获取幸福的可能性。倘若人们不知道幸福在哪里，那么人们在寻找幸福时就会显得手足无措，他们或只能被动地静待幸福的幸运降临，像美国小说家纳撒尼尔·霍桑所说："幸福宛如一只蝴蝶，当你紧随其后时，它会离你

---

① ［美］爱因·兰德：《新个体主义伦理观》，秦裕译，上海三联书店 1996 年版，第 54 页。

而去；而当你静坐不动时，它可能翩然而至，落在你的身上。”[①]或者因为幸福让其捉摸不定，从而觉得“幸福是否就像希腊神话中的欧律狄克（Eurydice），当我们回过头来注视她时，她已悄然遁去，在我们瞥见她的那一刻，她就消失得无影无踪”[②]。

果真如此的话，幸福就变得可遇不可求，如同一个美丽的影子，可能有人幸运偶见，但谁也摸不着、抓不到，这样就为人们假设各种“幸福之所”提供了机会。人们可以说幸福在虚幻的世界，像柏拉图的“理念世界”：在理念世界里以理性驾驭激情和欲望，激情是驯服的马，欲望是桀骜的马，驯服的良马奋力升向理念王国，桀骜的劣马则竭力把牲口连车子拉进人世间，追求肉体的享乐，阻碍着精神的提升。当人向善驰升至理念世界，灵魂免于堕落、超越感性，上升到理念世界，这就是幸福；人们也可以把幸福寄放在天堂，奥古斯丁就是在继承并发展柏拉图的幸福存在于“理念世界”的思想，提出幸福在“上帝之城”。他的“上帝之城”是一个永恒的、完美的、充满幸福的天堂。人们在地上生活，只能忍受种种苦难，并通过自觉忍耐，向上帝忏悔，方能在上帝的指引下到达上帝之城，去享受永恒的幸福。佛家持类似的观点，认为世间本无幸福可言，只有因欲望而产生的苦，人要想获得幸福只有潜心向佛，修善事，得正果，由迷界到达悟界，摆脱痛苦的生死轮回，达到涅槃境界，而涅槃之乐才是唯一真正的幸福。

不可否认，幸福在虚幻世界的观点可以起到“望梅止渴”的效果，但最终人们会发现它的虚假性。因为人的幸福要能为人所享有且真实存在，可以在现实世界中找寻。几千年前，梭伦就寄希望

---

① ［英］丹尼尔·列托：《追究幸福：微笑中的科学》，胡燕平译，重庆出版社 2010 年版，第 138 页。

② ［美］达林·麦马翁：《幸福的历史》，施忠连、徐志跃译，上海三联书店 2011 年版，第 5 页。

于幸福在现实生活中实现。他曾根据政治斗争的需要，从政治角度去阐述幸福问题：比如拥有“中等财产最幸福”，“获取赞誉”是幸福，幸福在于“善始善终”。伯利克里也曾主张只要在现实世界做勇敢的人，争取获得自由，这样就能实现人的幸福，他说“要自由，才能有幸福；要勇敢，才能有自由”[①]。尽管后来西方人的幸福在虚幻世界几乎遨游了整个中世纪，但随着科学技术的发展、人类认识的提高，他们重新把目光从虚幻的上帝世界转回现实世界，重视对个人现实生活幸福的追求，幸福又重新回归到现实的人的世界。意大利思想家彼得拉克就说“凡人先要关怀凡间的事物”，“我自己是凡人，我只要求凡人的幸福”[②]，康德也指出，“幸福是尘世中一个理性存在者的状态”。[③]

幸福存在于现实世界，而现实世界是人化自然与人类社会的统一体，所以人们应当在人化自然和人类社会中找寻幸福。但是，幸福又离不开心理的感受和情绪的体验，而感受和体验是主观的，因此幸福在主观世界也会有它的位置。幸福在主观世界的观点，在我国古代表现得很明显：如孟子的“反身而诚，乐莫大焉！”老子的“知足常乐”，慧能的“我心自有佛”，“人心”被认为是幸福的主要因素。

当西方思想界把幸福重新拉回现实世界之后，人们就在现实生活中积极追寻幸福；当中国传统文化告诉幸福在人心之中时，人们又在心中内求，但直到现在，人类还是非常困惑地面对幸福问题。究竟是我们人类过于苛刻与贪婪，从而与幸福擦肩而过，还是

---

① ［古希腊］修昔底德：《伯罗奔尼撒战争史》，谢德风译，商务印书馆 1985 年版，第 235 页。

② 北京大学编：《欧洲哲学史》，商务印书馆 1977 年版，第 225 页。

③ ［德］康德：《康德著作全集》第 5 卷，李秋零译，中国人民大学出版社 2010 年版，第 132 页。

我们尽管知道幸福在现实生活或者人心之中，但还没有真正科学地认识到幸福所居之所。

的确如此，幸福寓于现实世界之中，但它不是完全存在于客观世界内，它离不开人的主观世界。人所欲求的幸福，是人们对生活状态进行综合判断得出一种正向的阈值(临界值)而产生的心理感受与精神体验，它是现实的客观世界通过人的内在感官的作用而产生的一种判断。因此，幸福既指向外部世界或客观世界，也指向内部世界或主观世界。客观世界或外部世界可以作为"幸福体验的'对象'而存在的，但与通常客观的对象物不同……这个对象物是由作为体验主体的个体在幸福体验中构建起来的。"①也就是说，幸福不是一个独立存在的实体，不是寓于某种具体客观事物之中，但幸福又具有客观性，因为幸福必有体验的"对象"，同时幸福又是主观的，但它又不是主观自生的，不是纯粹的心理和精神问题。

幸福是主客观结合之中的进一步体验。因为快乐和痛苦都是主体感受客观生活产生的结果。幸福是人的幸福，快乐和痛苦也是属于人的苦乐。因此，从人自身感受的苦乐之源出发，也可以真正认识幸福之所。

快乐和痛苦源于自然和社会。马克思、恩格斯曾说："全部人类历史的第一个前提无疑是有生命的个人的存在。因此，第一个需要确定的事实就是这些个人的肉体组织以及由此产生的个体对其他自然的关系。"②同时他们又说，"以一定的方式进行生产活动的一定的个人，发生一定的社会关系和政治关系"。③ 因此，人需

---

① 胡伟希：《生命的恩典：幸福与痛苦》，北京大学出版社2012年版，第16页。

② 马克思、恩格斯：《马克思恩格斯选集》第1卷，人民出版社1995年版，第67页。

③ 马克思、恩格斯：《马克思恩格斯选集》第1卷，人民出版社1995年版，第71页。

要处理好人与自然、社会的关系。因为对于具有肉体之身的人来说,要让其感到幸福,首先必须保证生命的存在,其次还要维持好生命。而生命本身的需要是依赖自然界和社会,否则人根本无法很好地生存,幸福也就无从谈起。人除了生命肉体之外,他还有心灵、精神,而且人的心灵、精神不能离开肉体,因为离开了肉体,心灵将无所寄托。

但是生活在同样的自然和社会环境之中的个体感受到的快乐和痛苦却是因人而异,"快乐程度与个人特质有关"[①]。这说明个体自身也是快乐和痛苦的源泉。

对于苦乐的来源,很早就有学者研究。英国哲学家边沁把"自然的、政治的、道德的和宗教的"作为快乐和痛苦的四种来源,或称为四种约束力,出自自然的、政治的或道德的约束力的快乐,可在现世体验,而出自宗教约束力的快乐或痛苦,则可在现世或来世体验。而且这四种来源的痛苦和快乐在性质上没有差别,"唯一的差异,在于与其产生相伴的环境。自然和自发地降临到一个人头上的苦难,应被称为灾祸,等等。如果假设那是由于他有所不慎而降临到他头上的,便可成为出自自然约束力的惩罚;如果这同一项苦难是法律施加的,那就是通常所谓的惩罚;如果蒙难者的不端行为或被设想为不端的行为使他得不到任何友好的帮助,从而蒙受苦难,那便是出自道德约束力的惩罚;如果苦难通过某一天意的干预而降临,那便是出自宗教约束力的惩罚。"[②]国内有学者就快乐的来源提出了他的观点,认为"影响人类快乐的变量由自我到宇宙的

① [美]米哈里·契克森米哈赖:《生命的心流》,陈秀娟译,中信出版社2009年版,第24页。

② [英]边沁:《道德与立法原理导论》,时殷弘译,商务印书馆2000年版,第84页。

六个方面因素组成”[①]，具体包括健康、亲情、经济状况、职业状况、社会状况和生态状况。由于快乐和痛苦都是人的主观世界对外部世界的反映，它们的来源最终可归结于三个来源，即自然、社会和人自身，但不能因为人自身实质上也是自然和社会的产物，而只归结于自然和社会。在这里，人是作为快乐和痛苦的主体，自然和社会是作为客体。

总之，幸福是存在于作为主体的人和作为客体的自然和社会的相互关系之中的，它起因于客观世界，作用于人的主观世界，产生于主观和客观世界的结合之处。对于任何人来说，在实际生活中能否体验到幸福，他们自己手中只操纵着一半的主动权，另外的一半操纵权在客观世界之中，因为幸福体验的对象物必须是客观存在的。

第六节　幸福概念的理论之争与超越

西方历史上，围绕着幸福的概念其实是一直争论不断，有“满足说”“快乐说”“德行说”“实现说”等多种观点，最后主要形成了两大理论：“快乐论”(hedonic)和“实现论”(eudemonia)。但幸福“快乐论”和“实现论”之间的争论也是从未停止。“快乐论”认为幸福是主观的，在于快乐的情感，“快乐具有绝对的价值，别的一切事物有价值只是就它有助于产生快乐而言”[②]；而幸福“实现论”则认为

---

① 陈惠雄：《陈惠雄解读快乐学》，北京大学出版社 2008 年版，第 59 页。

② [德] 包尔生：《伦理学体系》，何怀宏、廖申白译，中国社会科学出版社 1988 年版，第 215 页。

幸福是客观的,“个人和社会的人类生活的客观发展是绝对的善,而不管它是否产生快乐”[①]。它们各执一词,各具生命力,并都有忠实的拥趸。

一、“快乐论”和“实现论”之争

“快乐论”历史悠久,其哲学基础是感觉论。一般认为“快乐论”的开山鼻祖是伊壁鸠鲁,主要是因为欧洲 18 世纪的经验主义哲学家直接沿袭了伊壁鸠鲁的快乐主义幸福思想,但实际上快乐主义思想最初由昔兰尼学派(阿里斯底波)提出。该学派“把追求快乐当成最大的幸福”[②],认为“所有的生物都对快乐感到舒适,对痛苦表示厌恶”,甚至主张“快乐即使是从最不光彩的行为中产生的,也是善的。因为即使行为是不合理的,但所产生的快乐却是人们所希求的,因而是善的”[③]。德谟克利特认为,“人的一切活动的出发点,都是为了追求幸福,避免痛苦,这是受人的自然本性决定的”[④]“‘快乐和不适构成了那‘应该做或不应该做的事’的标准”[⑤]“快乐和不适,决定了有利与有害之间的界限”[⑥]“一生没有宴饮,就像一条长路没有旅店一样”。[⑦] 伊壁鸠鲁就是在继承和发展昔兰尼派和德谟克利特的幸福观的基础上,提出最高的幸福就是快乐,认为“我们认识到快乐是我们之中与生俱来的第一位的善。我

---

① [德] 包尔生:《伦理学体系》,何怀宏、廖申白译,中国社会科学出版社 1988 年版,第 216 页。

② 冯俊科:《西方幸福论:从梭伦到费尔巴哈》,中华书局 2011 年版,第 65 页。

③ 苗力田主编:《古希腊哲学》,中国人民大学出版社 1989 年版,第 229—230 页。

④ 冯俊科:《西方幸福论:从梭伦到费尔巴哈》,中华书局 2011 年版,第 72 页。

⑤ 周辅成选编:《西方伦理学名著选辑》(上),商务印书馆 1964 年版,第 73 页。

⑥ 周辅成选编:《西方伦理学名著选辑》(上),商务印书馆 1964 年版,第 81 页。

⑦ 周辅成选编:《西方伦理学名著选辑》(上),商务印书馆 1964 年版,第 84 页。

们对行为的取舍,其出发点和归宿都是快乐”[①],而快乐是指“身体上无痛苦和灵魂上无纷扰”[②]。

中世纪西方社会禁欲主义盛行,使得快乐主义幸福观遭受到了极大的压抑。直到17世纪英国经验论哲学家重拾快乐主义幸福观。洛克说:“人人都欲望幸福——人们如果再问,什么驱迫欲望,则我可以答复说,那就是幸福,而且亦只有幸福。”[③]幸福就是快乐,“极度的幸福就是我们所能享受的最大的快乐”。[④]约翰·穆勒将快乐主义进行进一步发展,指出“幸福,是指快乐和免除痛苦;所谓不幸,是指痛苦和丧失快乐”[⑤]。在欧洲大陆也有很多哲学家主张幸福快乐论。17世纪德国哲学家莱布尼茨在一定程度上认同了洛克的观点,他认为“幸福就其最广泛范围而言,就是我们所能有的最大快乐,正如苦难就其最广泛范围而言就是我们所能感到的最大的痛苦一样”。[⑥] 18世纪法国哲学家霍尔巴赫也认为人“在一生之中的任何时刻都在求幸福,他的一切能力都用在取得快乐和规避痛苦上面”[⑦],19世纪德国哲学家费尔巴哈认为,“幸福……不是别的,只是某一生物的健康的正常的状态,它的十分强健的或安乐的状态”[⑧],把感性的满足认为是幸福。中国也存在幸福快乐论。魏晋时代《列子·杨朱篇》中这样写道:人生有限,“十

① [美]撒穆尔·伊诺克·斯通普夫、詹姆斯·菲泽:《西方哲学史:从苏格拉底到萨特及其后》(影印第8版),匡宏、邓晓芒译,世界图书出版公司2009年版,第93页。

② 周辅成选编:《西方伦理学名著选辑》(上),商务印书馆1964年版,第104页。

③④ [英]洛克:《人类理解论》(上),关文运译,商务印书馆1959年版,第228页。

⑤ [英]约翰·穆勒:《功利主义》,徐大健译,商务印书馆2007年版,第7页。

⑥ [德]莱布尼茨:《人类理智新论》(上),陈修斋译,商务印书馆1982年版,第187页。

⑦ 周辅成选编:《西方伦理学名著选辑》(下),商务印书馆1987年版,第89页。

⑧ [德]路德维希·费尔巴哈:《费尔巴哈哲学著作选集》(上),荣震华、李金山译,商务印书馆1984年版,第545页。

年亦死，百年亦死；仁圣亦死，凶愚亦死”。活着就为享受，享受即为快乐。学者林永鸿也认为：“幸福和快乐是相类似的概念，肉体的快乐和精神的愉悦就是幸福。”[①]学者孙英认为：“幸福是重大的人生快乐。”[②]“快乐论”将人的自然属性看作是人的本性，根据经验判断将快乐等同于幸福或最后归结为幸福。

与“快乐论”相对，“实现论”则认为幸福应是人的全面发展、潜能的充分发挥、人格完整的充分肯定，从而主张幸福是客观的，不以自己主观意志转移的自我完善、自我实现、自我成就，是自我潜能的完美实现。

“实现论”的鼻祖是亚里士多德。他认为快乐虽然属于幸福，但幸福是不同于快乐。纯粹追求快乐的行为不能称为幸福的，只有当快乐由理性的控制并达到适中的程度才能称其为幸福。快乐是善，但幸福是至善。至善是由具体的善累积而成，通过现实的德性活动而达到的善。幸福不是品质，而是现实活动，是“灵魂的某种合乎完满德性的实现活动”[③]。19 世纪德国哲学家弗里德里希·包尔生进一步发展实现论，他通过把快乐主义与自我实现进行比较而肯定实现论。他对“断定意志普遍不变地指向快乐（或者避免痛苦），因此，快乐是最高或决定的善，是不为任何别的东西而被欲望的善”[④]的观点持反对态度，赞成“意志不是指向快乐，而是

---

① 林永鸿：《论西方快乐论道德观的发展》，《四川大学学报（哲学社会科学版）》1993 年第 2 期。

② 孙英：《幸福论》，人民出版社 2004 年版，第 18 页。

③ ［古希腊］亚里士多德：《尼各马科伦理学》，廖申白译注，商务印书馆 2003 年版，第 32 页。

④ ［德］包尔生：《伦理学体系》，何怀宏、廖申白译，中国社会科学出版社 1988 年版，第 190—191 页。

指向一种客观的生活内容，或者……指向确定的具体活动”[①]。他说：“幸福是指我们存在的完善和生命的完美运动。”[②] 20 世纪美国人本心理学家马斯洛则系统提出了自我实现论。他认为人类具有五种基本需要，“基本需要的满足会导致各种各样的后果：产生有益的、良好的、健康的、自我实现的效应”。[③] 在马斯洛看来，自我实现的需要指的是，“一个人能够成为什么，他就必须成为什么，他必忠实于他自己的本性。……它可以归入人对于自我发挥和完成(Self-fulfillment)的欲望，也就是一种使它的潜力得以实现的倾向。这种倾向可以说成是一个人越来越成为独特的哪个人，成为他所能够成为的一切”[④]。理查德・克劳特也说：“欲望的完全实现只是幸福的必要条件，而非幸福的充分条件。因为根据亚里士多德的理论，这些欲望必须被引导到有价值的目标……否则，不论一个人觉得怎样满足，他都不是个幸福的人。”[⑤]“有价值的目标”无疑就是指自我实现。所以，克劳特接着说：“我们可以界定‘客观主义’为这样一种观点，在这种观点看来，除非人们正在适度地接近他们所能达到的最好的生活，他们不能被认为是幸福的。根据客观主义，每个人都有某种在理想条件下能够得到充分发展的才能和天赋”[⑥]。马克思在《青年在选择职业时的考虑》一文中也说：“在选择

---

①② ［德］包尔生：《伦理学体系》，何怀宏、廖申白译，中国社会科学出版社 1988 年版，第 191 页。

③ ［美］马斯洛：《动机与人格》，许金声、程朝翔译，华夏出版社 1987 年版，第 108 页。

④ ［美］马斯洛：《动机与人格》，许金声、程朝翔译，华夏出版社 1987 年版，第 53 页。

⑤ Louis P. Pojman. *Ethical Theory: Classical and Contemporary Readings*, USA: Wadsworth Publishing Company, 1995, p.149.

⑥ Louis P. Pojman. *Ethical Theory: Classical and Contemporary Readings*. USA: Wadsworth Publishing Company, 1995, p.151.

职业时，我们应该遵循的主要指针是人类的幸福和我们自身的完美。”[①]他强调幸福乃人的自我完善、自我实现。正如马克思所说的那样，“我们不是作为奴隶般的工具，而是在自己的领域内独立地进行创造”，“人只有为同时代的人的完美、为他们的幸福而工作，自己才能达到完美”。学者赵汀阳认为，“幸福是人生永恒的成就”，“所以，幸福取决于生活能力的发挥而不取决于生物要求的满足”[②]。

“快乐论”和“实现论”在探讨幸福的相关问题时实质上是各执牛耳，都自认为指出了幸福的真谛，而且后继者也往往站在各自的立场批驳对方的观点。“快乐论”从经验的角度出发，阐述幸福是快乐的体验，这种观点很容易为常人所接受。“实现论”的优点是从理性的角度论述幸福问题，具有很强的实践操作性。但我们认为，它们也同样各有不足：坚持“快乐论”观点的人容易各自为政，自说自话，无法形成较为统一的观点；而坚持“实现论”观点的人却易背离人们自身的真实感受，而且人们对何为“自我实现”还存在很大分歧。

二、幸福概念的理论之超越

在此，我们不想再重复阐述幸福“快乐论”和“实现论”的缺陷，而是更愿意去思考各自的合理成分。因为它们若没有合理性，那么在历史的长河中就必然如同沙漠中的水滴早已干涸消失。既然它们都具有合理性，那么它们各自合理内核如何得以体现就值得我们去研究。

我们认为，倘若幸福“快乐论”和“实现论”之间能够找到桥梁让它们连通和融合，那么有关幸福的争论也许会迎刃而解。哈佛

---

① 马克思、恩格斯：《马克思恩格斯全集》第 40 卷，人民出版社 1982 年版，第 7 页。

② 赵汀阳：《论可能生活：一种关于公正和幸福的理论》，中国人民大学出版社 2004 年版，第 113 页。

大学教授泰勒·本-沙哈尔正是从这个角度思考的，他采用了“意义和快乐”并联起来的方法，提出幸福是“快乐与意义的结合”，其目的旨在融合幸福“快乐论”和“实现论”的思想。但正如我们前文所论述的，他的观点还是存在缺点，因为无法对本文所列举的其他观点进行有力的回击。因此，用简单相加的方式对“快乐论”和“实现论”进行融合，这种想法无助于问题的解决，要想解决幸福概念的理论之争，只有超越两种思想。

人们常说，生存是动物的本能，生活是人类的追求，但人不仅是为了生活，更祈求生活幸福。生活的目的旨在获取幸福。因此，“生活”应该是人们判断幸福时评价的对象。我们从幸福的评价对象——“生活”入手对幸福进行研究，结果发现可以解决幸福“快乐论”和“实现论”之间的争议。

“生活”有广义和狭义之分。狭义的生活是指某个方面的活动；而广义的生活则指人的各种活动，包括日常生活行动、学习、工作、休闲、社交、娱乐、职业生活、个人生活、家庭生活和社会生活，等等。人们常说的“生活幸福”中的“生活”概念既可作狭义理解，也可作广义理解。在本节中使用的是广义上的生活概念，也是就说，“生活幸福”是指对生活的各方面进行的评价，不仅仅局限于生活的某一方面，进一步说，“生活幸福”是指生活中的各方面都好，生活幸福的人所过的生活也就是“好生活”。在人们判断生活是否幸福时，先有一个对生活进行判断的过程，即判断人们在该生活中是快乐还是痛苦。如果该生活对人所产生苦乐的感受经过人们比较之后得出的结果是苦乐的正向阈值，那么人们就会感到幸福。人们也就有理由认为这种生活就是好生活。

但是不同个体所认可的“好生活”标准相异。许多人常会想当然地把“好生活”等同于物质富足、生活奢华。可是，在现实生活中人们又经常抱怨物质生活越来越好、心情却越来越坏。所以，仅仅物质富裕并不能代表就是好生活,因为它并非必然使人产生愉悦的情绪,让人感到幸福。还有,很多人整日劳碌奔波为了过上“好生活”,他们只顾往前赶路,无心欣赏路边之风景。他们错把成功等同于好生活,迷恋权力、荣誉,结果也并未过上好生活。生活中,成功者不幸福的例子比比皆是。因此,好生活绝不能采用简单的替代者来予以描述和界定,因为它是一种综合的评价。

亚里士多德曾认为构成良好生活大约有以下三种善:“外在诸善,身体中的善和灵魂中的诸善,而至福之人拥有全部这些善”①。“内在自身的诸善一是灵魂方面的善,一是身体之中的善;外在诸善是指高贵的出身、朋友、钱财和荣誉。”②我们认为,亚里士多德的观点到现在仍然可经得住检验,拥有上述三种善之完美结合的人无疑可以获得幸福。现在,人们通常所说的好生活也是在主客观条件方面进行考虑,譬如稳健的经济增长、优良的政治体制、优质的社会和生态环境、正确的幸福观、良好的人际关系及人自身的身心健康,等等。置身于好生活中,人们能得到自我实现和全面发展,正如学者詹世友所说,“好生活的实质性内容是指人们能够自由地全面地培养自己的各种属人的机能,包括物质技术、审美、哲学沉思等的能力。”③

至此,我们发现幸福实质上存在一个递进链条:

好生活(自我实现和全面发展)→苦乐的正向阈值→幸福

幸福是人们对好生活的评价。在日常生活中,人们会对生活所产生的感受进行评价,并且在长期对生活进行苦乐感受比较的

---

① [古希腊]亚里士多德:《政治学》,颜一译,中国人民大学出版社1999年版,第235页。

② [古希腊]亚里士多德:《修辞术·亚历山大修辞学·论诗》,颜一、崔延强译,中国人民大学出版社2003年版,第22页。

③ 詹世友、王涵林:《论正义和好生活的关联方式——兼谈马克思的正义观》,《东南大学学报(哲学社会版)》2013年第2期。

过程中，人们发现“好生活”所产生的感受总是显示正向阈值，“好生活”一定能让人幸福。美国学者罗斯曾说：“除非人们正在适度地接近他们所能达到的最好的生活，他们不能被认为是幸福的。”[①]好生活“不仅由物质生活来决定，在很大程度上还体现在精神愉悦和心理感受”。[②] 因此，“好生活”是人们幸福的条件。而好生活的实质内容是指人的自我实现和全面发展。所以，人的自我实现和全面发展也只是人们幸福的条件，不过它是最理想的条件。我们认为，幸福是一个由客观向主观的发展过程。置身于能使人得到自我实现和全面发展的生活中，人们就会说这种生活是最好的生活，而最好的生活又能促使人们获得最理想的幸福。

第七节 幸福的特性

关于幸福的特性，已有诸多论述。在此，我们主要从幸福的性质、主体、内容、形态和过程等方面进行阐述。

一、幸福是感受和反思的统一

从过程来看，幸福是感受和反思的统一。幸福的产生一定会经历一个“知、情、意、思”的过程。人们先对生活的方方面面进行认识，接着产生愉悦感受或痛苦的情绪。当人们意识到这种心理感受和情绪体验时，他就会做出幸福与否的思考和判断结论。在

---

① Louis P. Pojman. *Ethical Theory: Classical and Contemporary Readings*, USA: Wadsworth Publishing Company, p.149.

② 孙凤：《和谐社会与主观幸福感》，科学出版社 2008 年版，第 25 页。

反思的过程中，人们的幸福观念充当了对幸福的判断标准。这种判断往往还具有顺序性：首先，人们对事关自己生活的事物、事件所感觉、体验、理解的事实予以判断，即进行事实判断；其次，人们对前述的事实判断会做出是非对错、好坏美丑等方面的价值评价。幸福与否，既包含对生活的事实判断，也包括对生活的价值判断。

对于幸福产生的“知、情、意、思”过程，我们可以把它概括为“感受和反思”，其中感受是“知、情”的结合，反思是“意、思”的统一。幸福的产生离不开心理感受和情绪体验，也不能没有反思的过程，它应该是两者的有机统一。因为没有感受，就没有幸福；只有感受，不经反思和判断则有可能产生虚假的幸福。

二、幸福是主观性与客观性的统一

从性质上来说，幸福是主观性与客观性的统一。幸福是反思后的心理感受和精神体验，它是一种情感，一种积极的情绪体验，属于主观意识范畴。任何人对他们的苦乐的认识与评价都难免带有自己的主观性：张三的幸福不是李四的幸福，李四的幸福也不是王五的幸福。因此，我们在社会生活中可以看到各人都守着自己的幸福信条，且不管对错，拼命地追逐其所认同的幸福。

但是，人们要获得幸福必须得有其感受和体验的对象物，也就是说幸福必须具有内容。幸福虽然是主观感受，但它绝不能无中生有，而是有其实实在在能被人所体验的对象物作为依托。而且，人们对快乐和痛苦的感受并不是完全主观任意，而要以人的身心官能存在和需要作为客观的物质基础。现在，有科学家认为愉快和不愉快的表达由不同信号控制着，他们发现“良好情绪和不良情绪都有各自电路”①，快乐产生于一种叫多巴胺的物质。因此，幸

---

① ［德］克莱因：《幸福之源》，方霞译，中信出版社 2007 年版，第 27 页。

福的主观性是依赖于幸福的客观性，也就说幸福的主观性不能脱离其客观性而存在。

幸福是由好生活所激发的。在特定的自然、社会环境下，人们会在改造客观世界的实践中得到幸福。幸福离不开人的主观体验，但是人们只有通过实践活动，使追求幸福的主体欲望与客体相结合，才能获得幸福。比如幸福的爱情必须是相爱者彼此相爱为前提，否则不管单相思者爱的欲望多么强烈，结果都如同星星意识不到发现它的天文学家一样无法让其获得真正的幸福爱情。

三、幸福是物质性和精神性的统一

从内容上来说，幸福是物质性和精神性的统一。它具体表现于物质幸福和精神幸福的统一。前文我们曾说，"幸福是由好生活所激发"。而现实生活的内容是丰富多彩，不过它们最终都可被归结为物质生活和精神生活两个方面的内容。自然，幸福也可分为物质幸福和精神幸福。就个体而言，衣食住行是人们生活的客观需要，满足不了人们普通的衣食住行要求的生活就不是好生活，而坏的生活会让人感到痛苦和不幸。然而物质生活只是人类生活的一个方面，因为人毕竟不像动物凭着本能支配自己的生活，物质上的满足就会感到快乐。尽管"人们……正如任何动物一样，他们首先要吃、喝等等，也就是说，并不'处在'某一种关系中，而是积极地活动，通过活动来取得一定的外界物，从而满足自己的需要"①，但是，人类的幸福又不能仅仅停留于感官快乐。幸福作为一个人对整体生活的感受和评价，并不简单地等同于物质的享受和满足。因为，只重视物质生活的享受，而忽视精神生活的幸福是空虚的。

① 马克思、恩格斯：《马克思恩格斯全集》第 19 卷，人民出版社 1963 年版，第 405 页。

除了物质幸福之外,人们还追寻持久的心灵快乐和精神幸福。人之为人是因为他是有意识、有思想的存在,他不仅需要物质的满足,更需要精神的升华,只有实现物质幸福和精神幸福的统一,人们才会真正感到幸福。

物质幸福和精神幸福是辩证统一的。首先,物质幸福是精神幸福的基础。精神幸福必须建立在物质需要得到基本满足的基础上才能产生。尽管精神幸福有其相对独立性,但最终要受到物质幸福的制约。完全脱离物质基础的精神幸福是不存在的,正如马克思所说,“忧心忡忡的、贫穷的人对最美丽的景色都没有什么感觉”。[①] 其次,精神幸福对物质幸福起指导作用。人类对精神幸福的追求使得其不会仅仅停留于物质欲望的满足,而“用健康、高尚的精神生活指导和支配物质生活,才能在更深的层次上感受到生活的意义和幸福”[②]。

四、幸福是个体性和社会性的统一

从主体角度看,幸福是个体性和社会性的统一。一般意义上来说,“一个人只要自己觉得幸福,那么,不论在别人看来他是如何不幸,他都是真正幸福的。反之,一个人只要自己觉得不幸,那么,不论在别人看来他是怎样的幸福,他都是真正不幸的。”[③]幸福因人而异,譬如在一个家庭中,丈夫一边喝着啤酒,一边观看体育比赛觉得很幸福,而其妻子则可能为不能换台显得闷闷不乐。幸福的参差多态在罗素游览峨眉山时也得到验证。因为“个体对于生

---

① 马克思、恩格斯:《马克思恩格斯文集》第 1 卷,人民出版社 2009 年版,第 192 页。

② 孟宪鹏主编:《社会主义初级阶段党政干部工作手册》,中国社会出版社 1990 年版,第 589 页。

③ 孙英:《幸福论》,人民出版社 2004 年版,第 86 页。

活状态幸福与否的判断与评价在很大程度上内在地关联着个体的认知水平、价值观念、人生取向、生活态度、性格气质等因素”，[①]所以说，幸福具有个体性。但社会生活又是一个相互联系的整体，个人离不开社会。虽然个体主观上存在差异，个体的幸福体验往往各不相同，但人们对于幸福与否的判断仍然具有相当程度的一致性。因为幸福不仅仅是主体感受，还关切到主体感受如何得来，这就与人们实际的生活境遇相关。幸福与个体的生存境遇息息相关，每个人都不可能离开社会，而自享幸福。人始终是社会的人，人与社会始终是不可分割的。幸福的个体性，绝不意味着幸福是“个人的私事”，因为人们的幸福是彼此相联系的。个人的幸福与社会幸福互相联系、互相依存，“只要世界上还有一个人不幸福，则其他人也不可能有真正的幸福”。[②] 社会幸福决定个人幸福，个人幸福丰富社会幸福。个人幸福的真正实现，不仅有赖于彻底改造社会政治、经济制度，而且有赖于社会物质和精神生产力的提高，有赖于社会物质文明、精神文明和政治文明的建设和发展。

历史和实践都反复证明：个人幸福和社会幸福是有机统一的。其中，社会幸福是个人幸福的基础。一般而言，不幸的社会人们往往不会有幸福的人生，例如，在限制、扼杀个人幸福的社会中，个体根本无法获取真正的个人幸福。所以，社会应当关心和维护每个社会成员的个人幸福，并尽可能地为个人幸福的实现创造有利条件。社会还应该把幸福(个人幸福和社会幸福)作为社会的终极目标，并致力于实现这种目标。而对于个人而言，个人要想获得幸福，就要为社会、为他人创造幸福。正如马克思所说：“人类的天

---

① 许春玲、周树智主编：《城市社会转型与幸福感变迁》，社会科学文献出版社2013年版，第4页。

② 许春玲、周树智主编：《城市社会转型与幸福感变迁》，社会科学文献出版社2013年版，第33页。

性就是这样的：人们只有为同时代人的完美、为他们的幸福而工作，才能使自己也达到完美"，只有"那些为共同目标劳动因而自己变得高尚的人是伟大人物，经验赞美那些为大多数人带来幸福的人是最幸福的人"①。

五、幸福是变动和平衡的统一

从形态来说，幸福是变动和平衡的统一。世界是变化的，我们周遭的一切都在不断变化，我们除了因环境和社会变化而变化之外，我们自身也会发生变化。我们的感觉会变，我们的喜好会变。我们的生活不是固化的，我们的思想观念和幸福观也是不断变化的。人们对生活的感受会随着生活的状态的变化而变化，也会随着人的幸福观的变化而变化。

幸福不是一成不变的。在不同时间或处于不同境遇中，同一个人对幸福的心理感受和精神体验是不同的。首先，境遇的不同，幸福感迥异。农民工在城里务工时，自我幸福感不强，但回到家乡时，幸福感陡然上升。贪官位居高位时，地位、权势给他增添幸福的筹码，而面临牢狱之灾时，却深感不幸。其次，生命的不同阶段，幸福体验的对象不同。年轻时，父母的关爱会让人感到无比幸福；成家立业时，夫妻恩爱和工作进步使人感到幸福；老年时，子孙孝敬、身体健康，人的幸福感就油然而生。还有，过去曾让我们感到无比幸福的条件并未改变，但昔日的幸福感觉却荡然无存。再有，人具有很强的环境适应性。一般来说，"第一次出现的事情，由于其性质的好坏，使人产生幸福感或不幸感的强度是比较大的。但当事情重复出现时，它就会逐渐失去激发情感的动力。因为人们

① 马克思、恩格斯：《马克思恩格斯全集》第 40 卷，人民出版社 1982 年版，第 7 页。

已经对事件具有了足够的适应能力。"[①]正如费尔巴哈所说:"我们并不把经常不断享受的东西感觉为幸福,并加以珍重。"[②]已经得到满足的需要所产生的幸福感总是以平静的形式潜伏在人的意识里,当我们继续去追求另外的幸福时,我们甚至不会意识到这种潜伏的幸福的存在。对于已经得到的幸福,人们容易忘掉它,或视其为理所当然。我们很多人长期处于好环境之中,可能不再感到幸福;而长期处于不好的环境中,也可能不再感到特别不幸。

因此,不要误认为幸福是生活的安逸、闲散,"真正的幸福是所谓幸运和不幸的适当的混合"[③],表现于快乐和痛苦之间的相互转化的状态。这是一个动态的变化过程:在变化发展中存有短暂的平衡状态,在平衡打破之时又需要人类通过努力不断追求去获取。所以,人们总是希求得到永恒的幸福,但总是求而未得,因为幸福从来就不是静止的,世间上也根本不存在永恒的幸福。想要得到幸福,只有不断实现自我,创造好的生活,才能不断感受快乐,从而保持幸福的平衡状态。

---

① 刁永祚:《消费结构和生活质量》,首都师范大学出版社 2011 年版,第 232 页。

② 周辅成选编:《西方伦理学名著选辑》(下),商务印书馆 1987 年版,第 484 页。

③ [德] 包尔生:《伦理学体系》,何怀宏、廖申白译,中国社会科学出版社 1988 年版,第 351 页。

第二章
幸福观与幸福感

第一节　幸 福 观

幸福观是人们对何谓幸福以及如何幸福等问题的总的看法和基本态度。不同幸福观体现不同的人生态度，反映人们对待生活的不同立场，同时反映特定的社会背景。譬如“孔子说：人类曾经幸福过，在唐尧夏禹的时代。老庄说：人类有过幸福，在‘小国寡民’的人之初。基督说：别急，慢慢熬着，天堂里有享不尽的幸福等着你。佛祖说：修好今生，来世你就享用不尽了。道教说：修成正果，羽化成仙，那就自由自在，永享清福。”①历史上存在很多类型的幸福观，有些幸福观至今还具有旺盛的生命力。

一、西方幸福观的内在逻辑

西方幸福观主要有禁欲主义、享乐主义、功利主义和基督教幸福观。这些幸福观之间存在否定或发展的逻辑关系。

禁欲主义幸福观认为，人类欲望是无止境、无法穷尽的，任何人都不可能通过肉体的满足而得到最后的幸福。因为幸福在本质上是一种感受，所以人类要想得到真正的幸福只有抛弃肉体欲望而追求精神的满足。禁欲主义幸福观的代表是斯多葛学派。该学派认为幸福的最高境界指的是能够对自身的物欲加以克制，去享受心灵所独有的那份宁静，不被迷信、恐惧与感情所打扰。如第欧根尼直言不讳地说：“我认为我的身体不是我自己的，对于我来说，

---

① 王世朝：《谁偷走了你的幸福：关于人·人性·人生的哲学笔记》，安徽人民出版社 2005 年版，第 40 页。

神的规则就是一切，而其他的一切对我来说，没有任何意义。”[①]塞涅卡说：“我可以把由于理性而没有任何情欲、没有任何恐惧的人叫作幸福的人。”[②]“最高的幸福在于精神上的无动于衷。”[③]

但由于人是有欲望的，古希腊哲学家伊壁鸠鲁就曾对欲望进行过划分：自然的和虚浮的。虚浮的欲望“既非自然也非必要的”，自然的欲望分为“自然而必要的”和“自然而非必要的”。“自然而必要的”欲望是维持生命和健康所必需的物质需求，而“自然而非必要的”欲望是指虽然是人的自然本性所决定的欲望，但满足与不满足对快乐的追求关系不大。

不管欲望如何划分，只要人们的物质和精神欲望是符合自然人性、符合人类发展的，那么它就是大家所能乐意接受的。所以禁欲主义幸福观如同柱子上的苦行僧并不为大多数人所认同，除非在社会环境极其恶劣之时，为了人类生存的共同命运而必须予以提倡。

与禁欲主义幸福观相反，享乐主义幸福观认为，生命有限，而快乐无限；人生短暂，就应该及时行乐。在有限的生命中，人类行为的最高目的就是追求个人幸福，而幸福就是尘世生活中的快乐。因此，每个人要把有限的生命投入无限的快乐中去。享乐主义幸福观主张人生的目的在于追求感官快乐，把幸福与感官快乐等同，以感觉上的快乐或者痛苦作为幸福与不幸福的分水岭。

在享乐主义幸福观中，人的幸福完全为外物所左右，而人自身存在的意义被忽视，因此，享乐主义幸福观一直备受他者诟病。尽管伊壁鸠鲁强调“当我们说快乐是终极的目标时，并不是指放荡的

---

① 毕治国：《死亡哲学》，黑龙江人民出版社 1989 年版，第 63 页。

②③ 冯俊科：《西方幸福论——从索伦到费尔巴哈》，中华书局 2011 年版，第 118 页。

快乐和肉体之乐，而是指身体的无痛苦和灵魂无纷扰”，但享乐主义最后还是被打上“及时行乐”的标签为主流思想所抛弃。

功利主义幸福观则比享乐主义幸福观高明，它看到了社会利益对个人利益的重要性，主张建立了“全体福利说”，尽管它依然没有摆脱从个人利益出发。功利主义幸福观认为，“幸福，是指快乐与免除痛苦……不幸，是指痛苦和丧失快乐。”[①]强调人类行为的唯一目的就是追求幸福，把幸福当成人的一切行为对错的标准。主张人生就是追求快乐，而快乐的根源在于利益的满足，所以利益、功利是人们行为的唯一目的和标准。至此，幸福的终极价值，最后被转变为利益具有终极价值。在个人利益和社会利益的关系上，认为个人利益是社会利益的基础，达到最大多数人的最大幸福是道德活动的唯一目的。

但功利主义幸福观由于过分强调幸福总量的增加和多数人的幸福，却忽略了少数人的利益。而且，功利主义中对最大多数人的最大幸福的量的计算在实践中也难以执行。因此，该幸福观也饱受诟病。

基督教幸福观则是对所有人世的幸福进行彻底的否定：一是认为幸福根本不在人世。物质的享受、财富的聚集、荣誉的引诱，等等，都只是世俗的、虚幻的幸福。人类的一切情感、欲望和意向都是邪恶的，人是具有原罪的，人在世间实质上就是一个赎罪的过程；二是幸福在天堂。天堂充满幸福，人世充满苦难，因此不管肉体处于怎样的境地，灵魂都要永远跪在上帝的面前，以使自己到达上帝之城；三是幸福的真谛在于人们对信仰的追求。奥古斯丁曾断言：幸福乃是人生永恒的追求，虽然各人的旨趣迥异，但认识上帝，认识真理的目的是为了追求永恒幸福的生活。“这种幸福，不

① ［英］约翰·穆勒：《功利主义》，徐大健译，商务印书馆 2007 年版，第 7 页。

要说求而得之，即使仅仅寄以向往之心，亦已胜于获得任何宝藏，胜于身践帝王之位，胜于随心所欲恣享淫乐。”①

二、中国传统幸福观的互补

中国传统幸福观之间则不存在彼此否定或相互演化的关系，它们各自的主张不同，但相互之间并不排斥。相反，它们可以在同一个中国人身上得到体现。

儒家幸福观主张德福一致，有德才是幸福。它认为道德与幸福内在地融于一体，人的幸福体现在个人的善行之中，体现在修身养性的过程中。因此，儒家幸福观是一种道德主义幸福观。它以“仁、义”等具体的道德规范为核心，强调个人的修身养性，形成仁、义、礼、智、信等良好的道德品质，追求德性的完满、人格的成就、境界的升华，享受“饮水曲肱”“箪食瓢饮”“泳归浴沂”等君子之乐。

儒家的德性幸福观要求个体追求德性幸福。在儒家的观念中，主张成为有德之人是人之为人的本质要求。而要有德，则需修身。因此，“自天子以至于庶人，壹是皆以修身为本。”即使处在人生失意之时，每个个体也要洁身自好，修养个人品德，做到“穷则独善其身”。

儒家幸福观更强调社会幸福。儒家所主张的幸福离不开整体，只有社会共同的幸福，才有个人的快乐与幸福，正所谓“独乐不如与民同乐”。儒家幸福观是从平治天下出发的，要求每个人都要“达则兼善天下”，追求社会幸福。

儒家幸福观主张仁爱幸福。人人自爱而又爱人，彼此关怀，让人间充满温暖和谐。实现仁爱幸福的方法是“能近取譬”“推己及人，将心比心”“老吾老以及人之老，幼吾幼以及人之幼”。而且强

---

① ［古罗马］奥古斯丁：《忏悔录》，周士良译，商务印书馆1963年版，第235页。

调幸福的本源源自人心，因此，主张实现幸福的必然途径是“求其放心”。

道家幸福观是一种自然主义的幸福观，它从“道”的高度提出自然无为的幸福观。道家推崇合于自然、清静无为的幸福，认为世间万物的本然状态就是最好的状态，真正的幸福不在于功名利禄、德性高尚，而在于顺从事物的天性。在道家看来，一切人为的活动都是对自然的破坏。因此，只有让事物的本性充分发展，实现无知、无欲、无私、无为和柔弱不争的上德，才能回归真我，才能使自己和自然化归一体，最后才获得永恒的幸福。

道家幸福观重视对生命的关怀和精神的愉悦。它主张人类要与自然和谐相处，过着清静无为、原始质朴的田园生活，追求自由和精神的愉悦。因为，唯有如此，人们才能获得心灵的宁静。

佛教幸福观是一种涅槃之乐。佛家提出“苦、集、灭、道”四圣谛，苦谛是指世间有情悉皆是苦，集谛是说产生苦的种种原因，灭谛是说要消灭致苦的原因，而道谛则是论修道乃是消灭苦因的路径。

佛教幸福观认“乐”如流星转瞬即逝，相反，人的欲望产生的多种“苦”。所以，世间毫无幸福可言。世人的“迷”“执”“贪”“嗔”“痴”等阻碍了他们获得幸福，而克服这些障碍就需要潜心向佛，修善事，得正果，才可摆脱痛苦的“生死轮回”。因为，人人皆有佛性，故人人皆可成佛，成佛就可以达到“涅槃”境界，而涅槃之乐才是唯一真正的幸福。佛教幸福观还强调心灵的宁静与超然，认为幸福即为精神的完全自由和解脱。

中国人往往是儒释道三种幸福观的平衡和有机统一：在人与人的关系之中，一般会依儒家的方式来行事；在处理人与自然的关系时，则可能采用道家的思想；在面临生死时，又会采用佛家的智慧。

三、马克思主义幸福观的高屋建瓴

马克思主义幸福观是从人类幸福的高度来阐述幸福问题，认为幸福的前提是人必须从一切“非人”或“异化”的状态中解放出来，而要避免人的异化，就需要消灭私有制、阶级，消灭剥削，在社会生活中各方面实现人与人之间的真正平等。唯有如此，每个人自由而全面的发展才存在可能性。而只有实现人的自由而全面发展，才能让人获得幸福。因此，马克思主义幸福观主张要实现人的幸福，就要实现人的自由而全面发展。

人的自由而全面发展包括两层具体内容，即人的自由发展和全面发展。人的自由发展是“建立在个人全面发展这一基础上的自由个性”[①]的发展；人的全面发展是“人以一种全面的方式，也就是说，作为一个完整的人，占有自己的全面的本质”[②]。人的自由全面发展包括三层意思：一是每一个人都应不受阻碍地发展，即“每一个有拉斐尔的才能的人都应当有不受阻碍地发展的可能”[③]；二是每一个人的各方面本质都应不受阻碍地发展，即人的潜能、活动能力、社会关系以及自由个性等方面都不受阻碍地得到全面发展；三是人的精神本质即人的道德不受阻碍地发展。作为社会的人，在其发展上必须具备符合一定社会关系的道德品质。在现实中，人的全面发展和人的自由发展是互为前提、相互制约、相互促进的。一是人的全面发展是人的自由发展的前提和基础。

---

① 马克思、恩格斯：《马克思恩格斯全集》第 46 卷，人民出版社 1979 年版，第 104 页。

② 马克思、恩格斯：《马克思恩格斯全集》第 42 卷，人民出版社 1979 年版，第 123 页。

③ 马克思、恩格斯：《马克思恩格斯全集》第 3 卷，人民出版社 1960 年版，第 458—459 页。

人的“自由发展”包含人的“自由个性”的发展，而“个性自由”是“建立在个人全面发展和他们共同的、社会的生产能力成为从属于他们的社会财富这一基础上的”[①]。二是人的全面发展又受到人的自由发展的制约。因为，“个人的全面发展，只有到了外部世界对个人才能的实际发展所起的推动作用为个人本身所驾驭的时候，才不再是理想、职责等等，这也正是共产主义者所向往的”。[②]

马克思主义幸福观认为：幸福的源泉在于劳动、实践。劳动既创造人的物质生活，也创造和丰富人的精神生活，而生产实践改造自然，完善自我，最终创造人的幸福。要实现真正的幸福必须铲除剥削制度，改变不合理的社会关系，创造新的合理的社会制度，并且努力实现“五个”统一，即主观与客观、物质与精神、个人与社会幸福、自我实现与无私奉献以及享受与创造的统一。幸福的最高境界就是为人民服务。

四、当前国人幸福观的多元并存

第一，显性主流的幸福是马克思主义的幸福观。它表现为中国共产党秉承“全心全意为人民服务，一心一意为人民谋幸福”信念，坚持走马克思主义理论与中国具体实际相结合的道路，以此来实现人民的幸福。过去革命是“为了使中华民族得到解放，为了实现人民的统治，为了使人民得到经济的幸福”[③]；现在发展是“为了提高人民的生活水平”和实现“最广大人民的根本利益”，而且发展要“坚持以人为本，就是要以实现人的全面发展为目标，从人民群

① 马克思、恩格斯：《马克思恩格斯全集》第 46 卷，人民出版社 1979 年版，第 104 页。

② 马克思、恩格斯：《马克思恩格斯全集》第 3 卷，人民出版社 1960 年版，第 330 页。

③ 毛泽东：《毛泽东新闻工作文选》，人民出版社 1983 年版，第 3 页。

众的根本利益出发谋发展、促发展，不断满足人民群众日益增长的物质文化需要，切实保障人民群众的经济、政治和文化权益，让发展的成果惠及全体人民”①。不断推进经济建设、政治建设、文化建设、社会建设和生态建设，注重改革的全面性，推进改革的深化与发展，构建社会主义和谐社会，实现人人幸福。该幸福观正为中国共产党人所践行。

第二，隐性的幸福观形态各异。一是享乐主义幸福观。享乐主义幸福观古已有之。前文阐述了西方的享乐主义幸福观，其实在中国也同样存在。殷纣王曾过着“酒池肉林”的生活，杨朱也鼓吹“人之生也，奚为哉？奚乐哉？为美厚尔，为声色尔”。人生就是为了吃好、穿好、玩好，“尽一生之欢，穷当年之乐”。历经魏晋时期，享乐主义的思想获得较大发展。总之，在中国漫长的封建社会里，尽管儒家“安贫乐道”“存天理、灭人欲”的训诫不绝于耳，但丝毫也不妨碍享乐主义者们的纵情享乐。中华人民共和国刚成立后不久，社会上和党内特别是部分党的高级干部身上也开始滋生享乐主义思想。当前中国享乐主义幸福思想产生于改革开放后，随着社会经济的飞速发展，人们的物质财富剧增，一部分人只追求感官的快乐和过度的物质享受，追求时髦，讲究排场，铺张浪费，主张及时行乐，生活奢侈腐化，只关注眼前的利益，追求现在的快乐，把幸福单纯地看成达到自我满足的状态，把幸福生活说成是获得更多的现实物质利益以及为了获取精神上的极大愉悦，热衷于追求各种各样新鲜的感官刺激。二是消费主义幸福观，其实质上还属于享乐主义幸福观。消费主义思想源于西方尤其是以美国为首的发达国家。在“二战”结束后，一些西方国家为了摆脱经济发展的

① 中共中央文献研究室编：《十六人以来重要文献选编》(上)，中央文献出版社2005年版，第850页。

困境，制定了一系列刺激国民消费的经济政策以促进经济的增长。消费主义认为，“消费是自我精神满足的根本途径，是人生的根本目的，人生的意义就体现为消费的质和量：物欲的满足、感官的享受是人生追求的最高价值。换言之，消费即是人生最大的幸福，消费得越多，人们获得的幸福也就越多。其鲜明的物质主义特征表现为享乐主义，通过对物的占有与消费实现肉体与精神的满足。此外，消费主义的符号意义日益明显，将不同层次的消费视为体现个人社会地位及身份的反映，即将物质消费看作是自我表达和社会认同的主要形式，看作是高生活品质和幸福生活的标志。”①消费主义在现实生活中的具体表现有：对物质财富的占有欲极强，过度消费，奢侈消费。研究显示，“全世界从 1950 年以来的产品消费量相当于在此之前人类世世代代消费产品的总和”②；对感官文化的迷恋，不仅把娱乐消遣作为主要的消费内容，而且各种渲染色情、暴力等低级庸俗东西受到追捧。三是功利主义的幸福观。当前还有部分人为追求物质利益的最大化，在经济活动中急功近利，藐视道德和践踏法律。人际关系变成了赤裸裸的利益关系，金钱成为人们的唯一追求，利益永远摆在第一位。如，在现实生活中，一些地方政府为了 GDP 和政绩可以不顾老百姓的切身利益，部分学校的教育为了升学率，不管学生的未来，一些商家为了利益而不管消费者的身体健康，等等。四是拜金主义幸福观，认为“世界上没有什么东西不是为了金钱而存在的，连他们本身也不例外，因为他们活着就是为了赚钱，除了快快发财，他们不知道还有别的幸福，除了金钱的损失，也不知道还有别的痛苦”。拜金主义幸福观

① 黄谦明：《论消费主义思潮、经济增长方式与国民幸福》，《学术论丛》2009 年第 1 期，第 119 页。

② 周雨生：《消费主义潮流令人担忧》，《南方周末》1993 年 7 月 9 日第 7 版。

里没有高尚的理想和信念，人与人之间的变成了赤裸裸的金钱关系。拜金主义幸福观，还会演变为拜权主义幸福观，而且两者还会进行结合。

五、当前国人幸福观存在的主要误区

社会经济快速发展，但很多人在对财富、金钱、社会地位的无止境的追求中迷失自我。结果，他们焦虑、嫉妒、抱怨，惶惶不安，根本原因在于没有正确处理物质幸福和精神幸福、个人幸福和社会幸福的关系。

第一，物质幸福与精神幸福相分离。人们生活的目的即追求幸福，人类的生存和发展不能离开必要的物质生活资料。幸福必须建立在一定物质基础之上，否则精神生活和幸福的追求会失去坚实的基础。物质需要的一定程度的满足是实现幸福的必要条件。一个衣不蔽体、食不果腹的人，不会有真正的幸福。抛开基本的生存条件奢谈幸福，没有任何现实意义。人的生活需要一定的物质条件，但物质条件并不能满足人的一切，正如人吃饭是为了活着，而活着绝不只是为了吃饭。人之所以成为万物之灵在于人拥有超越而高贵的心灵，就在于生命超越了单纯的物质功利，而转向崇高。一个真正的人不会停止对自身存在价值和意义的探索，不会不渴望超越自然限制以期达到完满至善的境界。因此，物质需要只是获得幸福的必要条件，而非充要条件。

我们国家实现了从贫困到温饱和从温饱到小康，就是为国民追求幸福创造坚实的物质基础。但现在国人在追求幸福过程中却出现了重物质享受而轻精神追求，甚至只求物质享受而毫无精神追求的现象：很多人缺乏对崇高理想的精神追求，精神生活日渐贫乏，对物质生活的依赖程度越来越高。譬如，在当前婚恋幸福观中，很多人把物质条件提升到了第一标准，“有房有车高收入”成为结婚的必备硬件。“宁愿坐在宝马里哭，也不愿坐在自行车后面笑”的观点尽管受到诟病，但似乎显得很真实，不矫揉造作。“吃、喝、玩、乐”现象在当前社会非常普遍，肥胖症、购物狂大有人在，人们对物质的依赖达到难以想象的程度。但是，还有人物质丰裕却依然抱怨缺少物质享受，也有人因为拥有优质的物质生活而不知如何炫耀而烦恼，他们盲目地追求物质，而忽略精神生活，忽视文化与道德。最后的结果是，由于人文精神的缺失和精神生活的匮乏，人们的内心空虚、焦虑以及精神方面的需求减少以及过度强调物质生活，进而使人陷入物质主义和享乐主义的泥潭中无法自拔，导致物质生活和精神生活严重失衡，内在的幸福观念极度扭曲。当今社会中存在一些外表看似华丽，物质生活丰富，实则精神空虚、内心抑郁的人，他们的物质欲求被肆意地放大，物质享受的无节制性最终使其沦为物欲的机器而失去人之本性。这类人的共同特征是幸福缺失。

第二，个人幸福和社会幸福相矛盾。有些人追求个人幸福至上，只在意个人利益的得失，把个人的利益和个人幸福作为衡量人生价值的唯一标准和行为准则。在现实社会中，这种极端个人主义制造出个人幸福和社会幸福的鸿沟。他们只关注个人利益是否实现，而不注重集体利益的提高，完全以自我利益为中心。甚至，有一部分人为了满足个人私欲，不惜牺牲他人和社会的利益。譬如：有些官员用权不公、以权谋私，贪污腐败；有些商人弄虚作假、偷税漏税，企业直接排出“三废”，污染生态环境。这种“重个人、轻社会”的幸福观，对社会幸福造成极大破坏，使得人与人之间的和谐关系土崩瓦解，社会秩序被破坏，影响人们的正常生活，严重危害社会健康发展。结果是每一个社会成员都无法获取真正的幸福。

第三，过程幸福和结果幸福的割裂。有人只顾过程幸福，相反，另有人追求结果幸福。其实，真正的幸福应是过程幸福与结果幸福的有机统一。过程幸福是指将幸福看成是一种永恒追求和不断实现的奋斗过程，并在每一次小目标实现后去不断体验幸福意境。对于漫长而短暂的人生而言，人生幸福应该体现在人生奋斗的过程中，而非仅仅得到某种结果。虽然艰苦的追求也不一定取得成功，但其中却绝对地蕴涵着成功的希望。一个人只有具备了过程幸福的思想，才能真正体验到追求幸福的过程是一个艰难曲折的过程，才能体验到每次小幸福之后所激起的那种不断奋发向上的心理体验和需求，从而百折不挠地奋发进取，正确对待成功和失败、快乐和痛苦。

幸福的过程大都夹杂着痛苦和失败，不可能是一帆风顺，然而，每次经历幸福的过程后，都会产生更加充实奋发的心理体验。反之，如果只注重结果幸福，目标一旦实现了，往往带来空虚和无聊的体验。

第二节 幸 福 感

当前，幸福感已经成为大家广为关注的话题。党和国家重视它，普通百姓关心它，学术界更是非常关注它。因为我国经历了较长时间的经济持续增长，大家曾经以为幸福就在眼前触手可及，但蓦然回首发现幸福并未向人们微笑招手，很多人甚至感觉他们曾经拥有的幸福似乎现在变得越来越少，人们的幸福感正在逐渐被吞噬、被剥夺和缩减。

一、幸福和幸福感的关系

就幸福和幸福感的关系而言，一般人都会主张它们之间是不同的，学者也大都赞同该观点。有学者认为“幸福感是对幸福的感受，而幸福是幸福感的对象，幸福是一种客观实在，幸福感则有一定的主观色彩。幸福是人的需要得到满足时的状态，这种满足程度表现了人的生活在客观上达到了一定水平，进入了一种境界；幸福感则是对这种满足的感受。”[①]还有学者给予更加详细的阐述，详列它们之间的四个方面区别：“第一，幸福是客观的……带有客观性，而幸福感是对幸福的体验，是个体对自己所处境地的评价，带有明显的主观性，‘身在福中不知福’就是一个例子；第二，幸福是他评的……而幸福感是自评的；第三，幸福不一定针对个人，还可以针对人生、人类，而幸福感是针对个人而言的，即幸福感是每个具体的人体验到的幸福的感觉；第四，幸福属于哲学范畴，幸福感属于心理学范畴”[②]。

很明显，上述观点都存在问题。首先，幸福不单是具有客观性，它是客观和主观的统一；幸福感也不仅是主观的，它同样是主观与客观的统一。其次，幸福和幸福感都可以他评，也可以自评。比如，我们既可以说“我很幸福”“我们很幸福”“我们有很强的幸福感”，也可以说“他很幸福”“他们很幸福”“他们有很强的幸福感”。最后，幸福和幸福感关系究竟“谁在前，谁在后”是值得研究。但我们不赞同先有幸福，才有幸福感，而把幸福作为幸福感的对象。因为，幸福本身就是心理感受和情绪体验，它怎么可能成为感觉的对象。我们认为，幸福和幸福感并没有先后次序，都是快乐和痛苦比较后的产物。如果要说有对象的话，那么快乐和痛苦就是它们的对象物。幸福和幸福感其实是对同一事物的两种不同的表述。当人们获得快乐的感受大于痛苦所带来的不幸，从而对生活状态进

---

① 许春玲、周树智主编：《城市社会转型与幸福感变迁》，社会科学文献出版社2013年版，第28页。

② 刘芳：《幸福感研究综述》，《甘肃高师学报》2009年第1期。

行综合判断可得出的一种正向阈值后而内心产生的心理感受与精神体验就是幸福。此时,我们也可以说感到幸福,即具有幸福感。因此,对幸福与幸福感不作严格的区分并无不妥之处,而且在日常生活中它们经常是被人们不加区分地进行使用。

二、幸福感与幸福观的关系

幸福观对人的幸福感起决定性作用。幸福感是客观作用于主观的一种心理体验,但这种心理体验是先要经过人内在的幸福观念(幸福观)的过滤。幸福感产生的具体路径:客观生活作用于人的主观世界,而后产生一种体验,接着该体验经过体验者自身所内化且认同的幸福观检验,当它与自己所认同的幸福观发生冲突和矛盾时,体验者就会排斥该体验并由此引发相应的不悦心理体验;当它与自己所认同的幸福观不发生冲突和矛盾时,体验者就会接纳该体验由此引发相应的幸福感受。

每个人都是根据自己真心所认同的幸福观去真实地感受幸福。众所周知,任何外在强加于人的且未经人自我内化的社会价值对主体内心而言几乎不产生影响。我们认为,外在强加的幸福观也无法获得人们的内心认可,自然人们也不会以它为标准来评价幸福与否。总之,个体自己认同的幸福观决定其幸福感。在生活中,由幸福观决定幸福感的例子不胜枚举。譬如,对"拔一毛利天下而不为"的杨朱来说,"吃喝玩乐"定是幸福,但对颜回来说,"箪食瓢饮"不改其乐。再如,一般而言,人们往往都会认为残疾人是不幸的,他们的生活是痛苦的,甚至是悲惨的,但实际上,很多残疾人自己却感到生活幸福。原因在于残疾人所持有的幸福观与其他身体健全的人所认同的幸福观存在差异。残疾人会因为自己不屈服于命运,不向命运低头的自强不息的精神,会为凭借自己的意志克服种种困难创造美好的生活,而在内心由衷地感到幸福。

三、幸福感的特性

幸福感是快乐与意义、享受与发展、主观与客观、个人与社会的统一。我们认为，幸福感不单单是主观的，同时也是客观的。

第一，幸福感是主观的。幸福感大致可以从三个方面来加以把握：首先是满意度，即个体的基本需要是否得到了满足。其次是快乐感，即个体是否获得快乐体验。最后是价值感，它是在满意度与快乐感同时具备的基础上更高层次的体验，如个体发展进步、事业目标达成、个体潜能发挥，等等。无论是满意度、快乐感、价值感，它们都是主观的。幸福感存在于个体的经验中，个体对于自己是否幸福的评价，主要依赖于自己内在的判断标准。幸福不是一种具体的客观存在之物，所以人们的幸福感无法完全与客观世界之间形成一一对应的关系。任何事物让人感到幸福与否，都必须经过个体内在的判断标准进行检验。因此，幸福感一定是"千人千面"，各有不同。像在劳动异化的社会中，人们以逃离劳动而感到幸福，而在社会主义社会人们以失业为痛苦。在现代民主社会，人们以自由为幸福，而在封建专制社会，奴仆们往往为了安享权威给予他们的幸福而甘愿放弃自由。

第二，幸福感也是客观的，因为我们无法完全主观臆想自己幸福。幸福的获得需要有一定的外界条件为基础。幸福感的产生有赖于客观的生活，也有赖于人们具体客观的行为。"人们只有通过具体的行为活动，才能认知幸福的事物……进而产生相应的幸福感。"[①]此外，神经学家和心理学家的相关研究也表明幸福感的产生存在着客观的生理基础：大脑左半球更多地促使积极感觉的产生，

① 郑国娟：《幸福管理：心本管理的终极目标》，中国社会科学出版社 2010 年版，第 37 页。

而右半脑促使消极感觉的产生。有研究认为“人类幸福感的强弱主要是由5－HTT基因(即5－羟色胺转运体基因或血清基转运基因)决定的……每个人都携带两个5－HTT基因副本,它们分别来自父体和母体,这种基因副本又有长、短之分,在不同人体内会分别以三种方式进行组合:两个长副本、两个短副本或长短副本各一……携带两个长基因副本的人比携带其他基因副本组合的人更容易知足和幸福,感觉最不幸福的人是携带两个短基因副本的人。”①

总之,幸福感的产生是由客观条件或生活状态和个体主观的评价体系的有机结合。个体自己的感受性和生活态度对一个人的幸福感起重要的作用,个人的幸福观对个体幸福感的影响很大。因此,我们通过改善自己的生活状态或者调整自己的评价体系都有可能提升我们的幸福感。

四、幸福感的类别

幸福感分为主观幸福感、心理幸福感和社会幸福感。社会幸福感是人们在研究主观幸福感和心理幸福感之后,以个体自己与他人、集体以及社会之间的关系为视角提出的概念。

(一)主观幸福感

人类关于幸福的研究从单一地进行哲学思辨,逐步地发展为多学科参与其中。现在,经济学、心理学和社会学等都把幸福的相关问题纳入自己的研究范畴,其中,心理学对幸福感的研究最为深入。

关于幸福感的研究,心理学家几乎重复着哲学家研究幸福时的路径。我们知道,主观幸福感和心理幸福感是心理学研究幸福感所采取的两种不同范式。这两种研究范式分别源于“快乐论”和

---

① http://jrzb.zjol.com.cn/html/2011-05/08/content_825249.htm? div=-1.

“实现论”的思想，可以说，主观幸福感和心理幸福感是有关幸福的研究由哲学领域转移到心理学领域的具体体现。

“快乐论”强调，一个人的幸福是其主观感受。因此，在某人评判是否幸福时，客观事实不在他考虑范围之内，只要他主观上觉得幸福，他就是幸福的，主张幸福的主观体验是幸福的充要条件。而主观幸福感也是主观评价的结果，它是指评价者根据自定的主观标准对其生活质量进行的整体性评估，主要是指生活满意、正向情感与负向情感。而生活满意度是个体对生活总体质量的认知评价，即在总体上对个体生活做出满意判断的程度；后两者均指个体生活中的情感体验，正性情感包括愉快、轻松等，负性情感包括抑郁、焦虑、紧张等。

主观幸福感侧重于个体对幸福进行的自我评价，它往往把幸福看作是评价者个人对其生活质量的整体评估，并且认为幸福的内容表现于更多的积极情绪、更少的消极情绪以及更好的生活满意度。在本质上，主观幸福感主张主观快乐就是幸福。

人们研究主观幸福感的目的是试图最大限度促进人的快乐水平，并致力于评估快乐对于幸福的影响。有研究者从主观幸福感的内涵、维度和表现特征等方面对其进行解构（见下面表 3.1）。

表 3.1 主观幸福感内涵解构

学者名称	内　涵	维　度	表现特征
Bradburn	积极情绪与消极情绪平衡的结果	积极情绪、消极情绪	精神性为主，暂时体验
Diener	宽泛的现象范畴，包括情感反应、领域生活满意度，以及对生活满意度的综合判断	情感反应、领域生活满意、总体生活满意	物质性和精神性，暂时体验与持久体验结合

（续表）

学者名称	内　　涵	维　　度	表现特征
Gutierrez	积极情绪次数多于消极情绪的次数	积极情绪、消极情绪	精神性为主，暂时体验
Brülde	以一种积极的方式来评价自己的生活，感到满意且喜欢这种生活状态	生活满意	物质性为主，暂时体验与持久体验结合
Christopher K. Hsee	个体正面或负面的享乐体验	正面情绪、负面情绪	精神性为主，暂时体验
Alexandra Panaccio 等	包括幸福感或生活满意度，以及相对存在愉悦情绪或缺乏负面情绪	生活满意、愉悦情绪和负面情绪	物质性和精神性，暂时体验与持久体验结合

资料来源：彭怡、陈红《基于整合视角的幸福感内涵研析与重构》，《心理科学进展》2010 年第 7 期。

随着幸福感研究的深入以及更多的实践与应用，人们渐渐发现主观幸福感研究模式的种种缺陷：测量幸福感的指标太少，信息量有限，因而无法反映幸福感的全貌；过分重视主观的自我评价，忽视客观指标与评价，从而导致主观、客观相互分离；对生活的某些事例也无法进行解释。譬如，无论是精神错乱者，还是严重的心理疾病患者，不管他们的生活多么悲惨，他们都有可能对其生活感到满意，甚至可能自我感受到强烈的幸福感，但实际上他们是不幸的。

（二）心理幸福感

"实现论"则认为，幸福应是客观的，是不以自己主观意志为转移的自我完善、自我实现、自我成就，是自我潜能的完美实现。对人而言，除非他正在适度接近自己所能达到的最美好的生活，否则不能被认为是幸福的，且每个人只有在某种理想条件下才能充分发展才能和天赋。有些心理学研究者正是据于幸福"实现论"的思想,对幸福的含义进行重新阐释。他们认为,幸福不仅仅是由于情感上的体验而获得的快乐,它更是个体潜能的实现,即幸福是人们通过充分发挥自身潜能而达到的完美体验。他们认为"主观幸福感的测量仅仅局限于人们的情绪感受,并不等同于健康向上的生活。而心理幸福感主要指人心理机能的良好状态,是不以自己主观意志转移的自我完善、自我实现、自我成就,是自我潜能的完美实现。"[①]心理幸福感主要包括"六个维度:自我接纳、与他人的积极关系、机能自主、环境掌控、生活目标、个人成长"[②]。心理幸福感体现了自我实现、潜能的充分实现、个性化、人格成熟以及成人心理社会发展阶段的各项任务等。有研究者从心理幸福感的内涵、维度和表现特征等方面对其进行解构(见表 3.2)。

表 3.2 心理幸福感内涵解构

学者名称	内　　涵	维　度	表现特征
Ryff, Keys	通过发挥潜能努力达到完美的体验	发挥潜能	完全精神性,持久体验
Ryan	包括自我实现,试图指明自我实现的意义及途径	自我实现	完全精神性,持久体验
Riediger	个体内在积极精神概念的整合,促使个体拥有积极的生活态度,充满活力,与个体基本需要一致	积极精神整合个体需要	完全精神性,持久体验

① Ryff C D and Keyes C L M. "The structure of psychological well-being revisited". *Journal of Personality and Social Psychology*, 1995, pp.719 - 727.

② Ryan R M and Deci E L. "On happiness and human potentials: A review of research on hedonic and eudaimonic well-being". *Annual Review Psychology*, 2001, pp.141 - 166.

（续表）

学者名称	内　涵	维　度	表现特征
张陆　佐斌	幸福并不只是情感上的体验，更应该关注个人潜能的实现，应以客观的标准来评定个人的幸福	潜能实现	完全精神性，持久体验
Waterman	与真实自我的协调一致，发生在人们从事于深层价值观最匹配的活动中，是一种全身心的投入	自我实现	完全精神性，持久体验
Wood 等	关注人们潜能的同时，还注重个人与外界积极的交互作用方式	潜能实现、与外界的交互作用	完全精神性，持久体验

资料来源：彭怡、陈红《基于整合视角的幸福感内涵研析与重构》，《心理科学进展》2010 年第 7 期。

在判定人们是否幸福时，心理幸福感是基于观察者一定的价值体系和评价标准，而不是基于个体自身的主观判断。因此，心理幸福感是从客观的角度来定义和理解幸福，并采取“快乐结合意义或自我实现及人生价值等变量的形式”。

但上述两种幸福感的研究范式，如同“快乐论”和“实现论”的理论研究一样，都必然会存在缺陷。

心理幸福感产生于主观幸福感之后，研究者提出心理幸福感的目的就是要弥补主观幸福感存在的局限性。但心理幸福感又侧重于人的心理机能良好的状态和人的潜能的充分实现。因此，在实践中，心理幸福感和“实现论”一样也存在弊病，即它们最后得出的幸福结论可能并不是作为幸福的主体——人所切身感受到的幸福。

我们认为，不论主观幸福感还是心理幸福感都无法反映幸福感的完整内容与整体面貌。首先，幸福感的最后判定标准一定是主观的。因此，在对幸福感进行研究时，主观幸福感必有一席之地。其次，人的幸福感又必然受到客观的现实条件的制约，从而决定作为幸福的主体——人并不能随意地主观臆断自己是否幸福，这又为心理幸福感的研究和发展留有空间。

现今研究者趋向于采用对主观幸福感与心理幸福感进行整合的方式来研究幸福感问题，这也许是一种好方法。由于人的幸福感一定是客观世界在主观世界的反映，也就是说，一定是"客观"在前，而"主观"在后。所以，在整合主观幸福感与心理幸福感的研究范式时，人们必须坚持的一个原则是："客观入手，主观把关"，具体地讲，就是在我们研究幸福感时，应从客观出发，研究产生幸福感的各种客观事实，最后再经人们所持有合理的幸福评判标准进行判定。

（三）社会幸福感

"社会幸福感是指个体对自己与他人、集体、社会之间的关系质量以及对其生活环境和社会功能的自我评估。"①有学者认为"社会幸福感包括'社会整合、社会贡献、社会和谐、社会认同、社会实现五个维度"②，影响因素则包括"年龄、性别、婚姻状况、社会经济地位、公民契约与亲社会行为"③。

主观幸福感与心理幸福感都是一种偏重个体与自我的幸福理论。在这两种理论之中，个体被置于决定性地位，个体幸福与否以及个体幸福感的获得都是依靠个体自身而来；而社会幸福感则将幸福作为个体的单一感受导向了"人—我"关系以及个人与社会的

---

① Keyes. "C. L. M. Social well-Being". *Social Psychology Quarterly*, 1998, pp.121－140.

② 苗元江：《心理学视野中的幸福——幸福感理论与测评研究》，天津人民出版社2009年版，第303页。

③ 苗元江：《心理学视野中的幸福——幸福感理论与测评研究》，天津人民出版社2009年版，第289—292页。

关系，尤其是他人、社会对个体的支持与反馈上，这是一种偏社会的理论。可以说从主观幸福感到心理幸福感，再到社会幸福感，是一个从完全纯粹的个人主观情感体验到个人客观因素的融入再到社会因素引进的发展过程。

第三节 幸福感研究的相关理论

近年来，随着国内外对幸福感研究的逐步深入，已经形成了一些极具影响力的幸福感研究的相关理论。其中，社会比较理论、适应理论、目标理论、期望值理论、动力平衡理论和特质理论与状态理论得到大家的广泛认同。这些理论对人们进行幸福感研究也具有一定的借鉴意义。

一、社会比较理论

社会比较理论是一种“人我”比较理论。它通过横向比较，即把自己和其他人进行比较从而得出幸福感受的判断。

美国社会心理学家利昂·费斯汀格(Leon Festinger，1954)首先提出了系统的社会比较理论。他认为：“人具有想清楚地评价自己能力和观点的动机，如果不能利用客观手段达到目的时，就倾向于在与相似的他人的对比中对自己作出评价。”①

社会比较理论强调比较的结果，它以周围其他个体作为参照的标准，如果自己优于别人，就会感到幸福，相反，自己不如别人，就会感到不幸。比较理论认为，人们能否得出幸福的结论，关键在

① 郑雪、严标宾、邱林等：《幸福心理学》，暨南大学出版社2004年版，第86页。

于比较对象的选择。

许多研究证明：选择比自己幸福的人进行比较，即通过“向上”比较，一般会降低个体自身的幸福感；而若选择比自己不幸的人进行比较，即通过“向下”比较，往往会提高个体自身的幸福感。人们通常所说的“比上不足，比下有余”，确实是一种社会事实，而且对绝大多数人来说确实如此，因此，很多人会选择过好自己的生活。但如果在生活中，人们作出“‘比上’与‘比下’”的选择时，它就会对人们的幸福感产生实实在在的影响。

在进行社会比较和判断时，人们的主观因素起着关键性的作用。人们在进行比较对象的选择时，经常受到自身条件和人格特性的影响，譬如，乐观者喜欢“向下”比较，而悲观抑郁者往往倾向于“向上”比较。

二、适应理论

适应理论也是一种比较理论，它同样是通过比较来反映幸福感状况。但是，它是“自我”比较，因此，它的比较方式与社会比较理论的比较方式不同。社会比较理论是作横向比较，而适应理论则是进行纵向比较，具体地说，社会比较理论是在两个不同的个体之间所进行的比较，而适应理论的比较则是对同一个体的不同时间的状况所作的比较。

如果人们把过去的生活作为判断的参照指标，结果现在的生活比过去好了，他们就会感到幸福。同样，与未来的生活进行比较也会对人们的幸福感产生类似的影响，“对未来事件的期待，无论这种期待是内部的（如才能、能力），还是外部的（如财富等），都可能影响个体目前的幸福感水平。”[①]此外，人们还会选择理想的状

---

① 郑雪、严标宾、邱林等：《幸福心理学》，暨南大学出版社2004年版，第89页。

况进行比较。“当个体达到渴望达到的状态时，就会产生幸福感。”①

社会比较理论和适应理论之间既有不同之处，也有相同之点。不同之处在于社会比较理论实质是与他人进行比较，而适应理论是与自己进行比较；相同之处就是个体的幸福感的高低与相比较标准的高低成反比。当现实状况高于标准时，社会比较理论和适应理论指导下的个体幸福感都高；相反，当现实状况低于标准时，个体幸福感就低。

三、目标理论和期望值理论

目标理论实质上是幸福“满足说”的一种演化，它认为幸福感产生于需要的满足及目标的实现。这种理论的基本假设是个体意欲达到的特定目标，往往是那些最能预测的幸福的选项。如果一个人追求的目标在客观上得到实现时，人们就会自然产生出一种幸福感，而目标偏离或失败则导致痛苦。如奥墨代（Omodei）认为，“个人努力达到目标所获得稳定且长期性的满足才能叫作幸福。”②

威尔森（Wilson）最早提出期望值理论。他认为高期望值对幸福感是一个主要的威胁。当前，有关期望值理论的一般观点是“期望值和实际成就之间的差异与主观幸福感相关，高期望值与个人实际差距过大会使人丧失信心和勇气，期望值过低则会使人厌烦。”③

① 郑雪、严标宾、邱林等：《幸福心理学》，暨南大学出版社2004年版，第89页。

② Omodei, M. M. & Wearing, A. J. Need satisfaction and involvement in personal projects: Toward and intergrative model of subjective well-being. *Journal of Personality and Social Psychology*, 1900, pp.762－769.

③ 吴明霞：《30年来西方关于主观幸福感的理论发展》，《心理学动态》2000年第4期。

这两种理论实际上具有内在的相通性：目标理论存在一个设定的特定目标，而我们认为期望值理论中的"期望值"实际上也是一个目标。结果是目标的达成，期望的实现，作为幸福的主体——人就会产生幸福感。但是它们之间又有明显的区别，倘若是同一个目标被实现了，对于期望高低不同的人来说，幸福感强弱却正好相反。

四、动力平衡理论

动力平衡理论认为，每一个人都有一套平衡生活事件及幸福感的能力，这些能力是建立在稳定的个人特点之上的。

我们知道，在现实生活中任何事件对幸福感的影响都表现为三种可能的状况：提高、降低幸福感或幸福感保持不变。"当生活事件处于平衡水平时，主观幸福感不变，一旦生活事件偏离正常水平，如变好或变坏时，主观幸福感会随之升高或降低。但这种偏离是暂时的，因为稳定的人格特点具有重要的平衡功能，会使生活事件和主观幸福感都返回到平衡水平。"①

动力平衡理论的科学性在于：首先，因为幸福的本身具有变动性和平衡性。幸福是在变化发展中存有的短暂平衡状态，在平衡被打破时又需要人类通过努力不断追求去获取。其次，动力平衡理论发现人具有很强幸福平衡能力。因此，无论现实生活如何变化，只要每个人能掌握生活的主动性，他们都会竭尽全力保持一种平衡状态。

五、特质理论与状态理论

特质是指个体具有的持久的特征或反应倾向，它们使个体在各种情景下的行为能够保持一致性。作为研究特质的理论有两个重要的假设：一是人格特征在时间上相对稳定；二是人格特征在

① 段建华：《主观幸福感概述》，《心理学动态》1996 年第 1 期。

空间上相对稳定。

特质理论认为,“人们都具有以积极方式体验生活的性格倾向,即有内在的快乐素质,这种内在的快乐因素对于幸福感的评价有重要的作用。一般来说,快乐的人总是以一种更为积极的心态对待他们所处的生活环境。”[①]个体的幸福感存在差异,其根本原因是个体特质不同。譬如,“抑郁的个体常常把消极的事件归因为内在的、整体的和稳定的原因,并且倾向于把愉快的情感体验解释成外部的、特殊的和可以改变的原因。相反,快乐的个体则把积极事件归因为内在的、整体的和稳定的因素,并且他们对消极事件的解释不会涉及这些因素。”[②]

状态理论认为,“幸福等于各种快乐因素的简单相加。因为幸福的来源在生活中是多方向的,生活的每个领域都会产生幸福的感受,而各个幸福的综合就构成了整体的幸福感。在判断人们的幸福感时,只需对许多暂时的痛苦和快乐作出心理运算即可,即幸福等于快乐减去痛苦。”[③]

特质理论的科学性在于它关注了个体体验幸福的差异性,因为每个个体体验幸福感确实与其个体特质密切相关。至于状态理论,我们认为,其方向是对了,但计算未免过于简单粗放。

第四节　幸福感的影响因素

幸福感,尽管其直接的表现形式是人们的心理感受与精神体

---

① 刁永祚:《消费结构和生活质量》,首都师范大学出版社 2011 年版,第 234 页。

② 郑雪、严标宾、邱林等:《幸福心理学》,暨南大学出版社 2004 年版,第 92 页。

③ 段建华:《主观幸福感概述》,《心理学动态》1996 年第 1 期。

验，但它并不是纯粹主观的东西，而是主观与客观的综合。也就是说，幸福感既受到主观因素的影响，也受到客观条件的制约，并且是多种主客观影响因素综合作用的产物。

一、影响幸福感的主观因素

在同一情景中，不同人的感受是不同的。譬如，同是“送别”，王勃写道：“海内存知己，天涯若比邻”，表现得自然豁达；而白居易却说，“一看肠一断，好去莫回头”，则令人无比伤感。同样是“写秋”，战国时宋玉《九辩》云：“悲哉秋之为气也！萧瑟兮草木摇落而变衰”；而毛泽东笔下是“万山红遍，层林尽染”“一年一度秋风劲，不似春光”。人们在同样的境况下产生不同的幸福感，是因为个体的主观因素对其幸福感的产生有着直接的作用。我们认为，个体的人格、遗传、健康状况和年龄都会影响个体的幸福感。

第一，人格影响个体的幸福感。人格，或称性格，英文是Personality，德文是Personlichkeit，法文是Personnalite，都是来源于拉丁语Persona。Persona最初意指面具，亦即演员在舞台上扮演角色时所戴的脸谱，用以代表剧中人物的某种典型的心理特质。“人格”一词经过不断演变，现在它是指“一个人的行为所表现和形成的心理自我，是一个人的长期的、习惯的行为所表现和形成的稳定的、恒久的、整体的心理状态”①。

人格与人的幸福关系密切。因为幸福本身就是人的心理感受和情绪体验，而人格又是一种稳定的心理状态，所以人格会影响人们的幸福感受能力。德尼夫和库珀的研究发现，“幸福感是一种与多种人格特征有关的变量，很多人格特质明显地与幸福

① 王海明、孙英：《美德伦理学》，北京大学出版社2011年版，第231页。

感相关。”[①]大量研究揭示：乐观、自尊和外向的性格是幸福者拥有的个性特征。首先，对外向者而言，一般情况下他们会体验更多的积极情绪；相反，对神经质者来说，他们更容易体验极度的消极情绪。外向者的特质与积极情感、生活满意度有关，与负性情感无关，可以提高主观幸福感；神经质者的特质与消极情感有关，会降低主观幸福感。其次，乐观也与幸福感相关。乐观代表了期待自己生活中出现有利结果的普遍趋势。如果一个人期望的是积极的结果，他将会朝着自己设定的目标来努力，这样更容易实现目标。乐观是一种积极、豁达的生活态度，乐观者期望好的结果并相信凡事都有好的一面。乐观者相信自己的能力，遇到可控制的事情时，能够积极寻找解决办法；面对不可控制的困难或挫折时，能够坦然地接受，做到自我安慰，主动调节自己的心情。乐观之人更能抵制消极情绪的影响，也往往会对现在的生活充满激情，同时，对未来抱有积极的生活态度。这些表现都会影响人格的建构，进而影响人们的幸福感。最后，自尊也与人们的幸福感相关。自尊是个体在社会实践过程中所获得的对自我的积极情感性体验，由自我效能或自我胜任以及自我悦纳或自爱两个部分构成。自尊涉及个体对自身的总体判断，是对自己概括性的评价，是一个人的自我价值感。自我价值的需要是人最重要的需要。每个人都希望自己是有能力的、智慧的、理性的、有价值的、有意义的独特存在。正因为如此，自我价值的需要满足与否必定影响积极情感与消极情感体验，从而影响主观幸福感，一个人的生活满意度的最好指标不是对家庭生活、经济收入等是否满意，而首先是对自己是否满意。因此要提高一个人的幸福感，应提高自身的自尊水平。一般而言，自尊的

---

① 苗元江：《心理学视野中的幸福：幸福感理论与测评研究》，天津人民出版社2009年版，第44页。

人有更多的幸福感。

总之，在人格特质中，外向和神经质对人们的幸福感影响极大。外向性格往往与积极情感呈显著的正相关，而神经质则与消极情感相关显著。还有，一般而言，生活乐观的人要比对生活悲观的人能够体验更多的幸福。这个结论也得到实践的证明："美国国家老龄化研究所在 1973 年曾经对 5 000 名成年人作过调查，经过 10 年后的 1983 年再次调查发明，尽管原来被调查对象的工作条件、居住条件及家庭状况发生了种种改变，但有趣的是当年曾感到最幸福的人，到了 10 年后还是感到最幸福。这也说明了幸福感与人格特性具有较大的相关性。"①

第二，遗传对个体的幸福感也有影响。研究表明，"有些人有一种幸福或不幸福的基因趋向，这些趋向归结于个人神经系统中的天生差异。"②如美国心理学家戴维·吕肯和他同事特勒根通过"研究双胞胎的幸福感的相关性也发现幸福感具有遗传性"③，因此，他说："企图让自己更幸福，就像企图让自己长得更高一样，毫无意义。"④英国爱丁堡大学研究员蒂姆·贝茨通过对近 1 000 对同卵双胞胎和异卵双胞胎的调查发现，"一个家庭中的同卵双胞胎在性格和幸福感上非常相似，相比之下，异卵双胞胎的性格和幸福感相似程度只有一半，这一点强烈暗示着基因对人的性格和幸福感有相当影响。"⑤现实生活中，我们也会发现，一个天性乐观的人

---

①　高峰：《生活质量与小康社会》，苏州大学出版社 2003 年版，第 149 页。

②　[瑞士] 布伦诺·S.弗雷、阿洛伊斯·斯塔特勒：《幸福与经济学：经济和制度对人类福祉的影响》，静也译，北京大学出版社 2006 年版，第 58 页。

③　[美] 戴维·吕肯：《幸福的心理学》，黄敏儿等译，北京大学出版社 2008 年版，第 52 页。

④　[美] 达林·麦马翁：《幸福的历史》，施忠连、徐志跃译，上海三联书店 2011 年版，第 413 页。

⑤　http://news.sina.com.cn/h/2008-03-13/093715139275.shtml.

不管在单位工作，还是在家休闲往往都是幸福的，相反，一个天生悲观的人则可能整天怨天尤人。

第三，健康也影响个体的幸福感。健康属于身体之首善。德国哲学家叔本华曾说："幸福的第一要素是健康，一个健康的乞丐比一个生病的国王幸福。"我们也经常会说，健康是"1"，其他身外之物皆为"0"。如果"1"不存在，拥有再多的"0"也是毫无价值。研究表明："当人们被问及他们如何评估自己生活中各个层面时，良好的健康的排位最高。"①但对于一个健康者说来，健康是毫不足奇的，一般不会引起他们的注意和重视，而实际上它却是其他一切幸福的前提条件。较高的幸福感水平与更好的健康状况相关。不过，"幸福感和健康之间的正向联系似乎主要是针对心理健康，而不是生理健康。尽管受了严重疾病侵袭的个体或者残疾人，他们的幸福感会受到很大的打击，但是经过一段时间以后，他们会降低自己对健康的期望，并能适应自己的遭遇，他们的幸福水平也可能回到最初的水平——或者至少是部分的回升。他们通常会选择和他们患有相同疾病的个人或残疾人作为参照标准，而不再是和正常的个体进行比较。"②而患有抑郁症的患者则往往是一个艰难的恢复过程。

第四，年龄与人们的幸福感相关。一般而言，人们会认为幸福感会随着年龄的增长呈下降趋势。因为随着年龄的增长，个体的收入和社会的支持都会相应地减少，而且个体的健康状况也会逐渐变差。但也有人主张个体的幸福感主要受个体的情感控制能力的影响。因此，随着年龄的增长，特别是老年人对收入的水平的期

---

① ［瑞士］布伦诺·S.弗雷、阿洛伊斯·斯塔特勒：《幸福与经济学：经济和制度对人类福祉的影响》，静也译，北京大学出版社2006年版，第64页。

② ［美］卡萝尔·格雷厄姆：《这个世界幸福吗》，施俊琦译，机械工业出版社2012年版，第108页。

望降低，对社会支持和健康等影响幸福感的因素他们往往也能坦然面对，表现得乐观豁达。

目前，关于年龄与幸福感关系的研究结果也是很不一致。Okma 等人对 18 岁～90 岁年龄段的个体研究发现，幸福感呈逐渐下降的趋势。Diener 的研究也发现积极情感有随着年龄增长而略微下降的趋势。但是，也有研究表明年龄与主观幸福感之间关系并非如此平稳，而是具有波动性。对年老者来说，他们与年轻人的心态不一样，他们之间的幸福标准也不相同，所以人们会发现随着年龄的增长，对生活的满意感不但不会下降，反而会有升高的趋势。老年人对生活的满意度也比年轻人更高，对生活的满意感更持久，而且更少感到忧郁。但一般认为，“年龄与主观幸福感之间存在着 U 形关系，而 U 形的最低点在 40 岁左右”①。

二、影响幸福感的客观因素

幸福感不会凭空而来，它是对现实生活的客观反映。在现实生活中，每个人都不能脱离社会而生存，所以人的幸福感必然受现实的社会条件和自然环境影响，其中经济、政治、文化、社会和生态等因素都影响人的幸福感。

（一）经济

经济是在一定社会制度下，经济主体以满足某种需要为目的，有效利用各种经济资源生产有形产品或无形产品并加以分配、交换和消费的活动。经济繁荣、收入提高是实现幸福的客观条件。我们知道，收入会影响人们的幸福感。尽管“一些哲学著作和文艺作品将一贫如洗的人们描绘成快乐者，他们承受物质的贫穷却享

---

① D.G. Blanchflower & A. Oswald. *Well-being over time in Britain and the USA*, London: Paper presented at NBER Conference, 2000.

受着内心的平静"[①]，但是"任何正常的人都不会放过富裕的生活而选择贫困"[②]。大多数人都会认为，经济状况与人的幸福感息息相关，更好的经济状况会带来更高的幸福水平，这似乎不证自明。亚当·斯密也说："有大部分成员陷于贫穷悲惨状态的社会，决不能说是繁荣幸福的社会。"[③]因为幸福尽管是主体的一种心理感受和情感体验，但它又是建立在一定客观物质条件、客观的生活环境基础之上，与人的物质利益相联系。所以"更高的收入会导致更高的幸福水平。因为，收入的增加能够扩大个人和国家的机会组合，也就是说，更多的商品和服务可供消费"[④]。

既然经济状况与幸福感息息相关，那么是否更好的经济状况会带来更高的幸福水平？事实是否如此，可从以下几个方面进行证明：一是富人是否总比穷人更幸福；二是富国之人是否比穷国之人更幸福；三是富裕地区之人是否比贫穷地区之人更幸福；四是收入增加是否总使人更幸福。根据相关研究：一般情况下，富人比穷人更幸福，富国之人比穷国之人更幸福，富裕地区之人比贫穷地区之人更幸福，收入增加会让人更幸福。这说明收入与幸福息息相关，也说明"经济发展是硬道理"。

那么，经济状况与幸福感之间的关系是否总是线性的、正相关呢？答案是否定的。"经济幸福"自有其特殊的规律性：在其他条件相同的情况下，幸福感会随着收入增加而上升。所以，如果能繁

① ［美］伊斯特布鲁克：《美国人何以如此郁闷：进步的悖论》，喻文中、黄海燕译，中国商务出版社2005年版，第126页。

② ［美］伊斯特布鲁克：《美国人何以如此郁闷：进步的悖论》，喻文中、黄海燕译，中国商务出版社2005年版，第113页。

③ ［英］亚当·斯密：《国民财富的性质的原因的研究》（上），郭大力、王亚南译，商务印书馆1972年版，第72页。

④ ［瑞士］布伦诺·S.弗雷、阿洛伊斯·斯塔特勒：《幸福与经济学：经济和制度对人类福祉的影响》，静也译，北京大学出版社2006年版，第82页。

荣经济，增加国民收入将有利于增加人们的幸福感。但是，经济增长与幸福感之间的关系绝不是简单的“正相关”关系。实际上，它们之间是倒U形曲线关系，即在达到某个临界值（不同国家和地区不同）之前，收入增长对提高幸福水平有重要作用，但“当财富增长到一定限度时，幸福感出现拐点现象，之后当财富继续增长，幸福感不升反降”[①]。另外，相对收入对个体的幸福感有影响。一般情况下，相对收入水平会在很大程度上影响个体幸福水平。具体来说，自己收入增加会提高幸福水平，但别人收入增加会降低其幸福水平。当所有人的收入同等程度增加时，相对收入水平则没有变化，幸福水平也就几乎不会增加。

既然收入对人的幸福感影响很大，那么，就业与失业也就必然影响人们的幸福感。就业不仅能作为一种谋生手段解决个人生计问题，也能促使其个人的价值得到社会认可，使个人在社会生活中获得认同感，同时能拓展社会交往范围。而失业则首先会造成收入的损失，进而“导致抑郁、焦虑、健康不良、情感淡漠、自尊低下、急躁易怒甚至自杀”[②]。研究表明：“长期失业会严重影响失业者的身心健康。失业使人心力交瘁、心境抑郁。失业者中间约27%的人健康变差，不仅冠心病和肺病的发生率上升，而且死亡率比非失业者高出36%。失业者的抑郁发生率较高，几乎达到55%。”[③]失业还会导致社会损失，遭受“社会排斥”，无形之中给人带来耻辱感。尤其是失业还会导致家庭关系紧张，因为失业导致家庭经济

① Meiqin You and Yuanjiang Miao and Xiaohong Zhu. Economy and Subjective Well-Being. International Conference on Education and Education Management, Beijing, 2011.

② 方纲：《和谐社会视野下的城乡居民主观幸福差异研究——以成都市为例》，西南交通大学出版社2011年版，第87页。

③ 李维：《风险社会与主观幸福》，上海社会科学院出版社2005年版，第135页。

拮据，生活质量下降。

此外，经济制度也会直接影响人们的经济福利与生活的满意度。经济制度中对幸福影响最大的是收入分配制度。相对公平、正义的收入分配制度会普遍提高人类的幸福感觉。相反，不公平、不正义的收入分配制度则会降低人类的幸福感。不公正的收入分配制度对于幸福的影响强弱分明：它会提高强势群体的幸福水平；与之相对，它也会降低弱势群体的幸福水平。

（二）政治

西方语言中的“政治”来自希腊语 πολι，最早见于《荷马史诗》，原初的含义是城堡或卫城，后来逐渐衍生出政治、政治制度、政治家等词。因此，在西方语境下的政治就是指城邦中的城邦公民参与统治、管理、参与、斗争等各种公共生活行为的总称。在中国，先秦诸子也使用过“政治”一词，但更多的情况是将“政”与“治”分开使用。“政”主要指国家的权力、制度、秩序和法令；“治”则主要指管理人民和教化人民，也指实现安定的状态等。中国近代民主革命的伟大先行者孙中山先生认为，“政就是众人之事，治就是管理，管理众人之事，就是政治。”马克思主义则认为，政治是阶级社会的产物，是有阶级社会经济基础的上层建筑，是经济的集中表现，是以政权为核心的阶级关系和人民内部的全局性关系。亚里士多德曾说过“城邦不仅为了生活而存在，实在应该为优良的生活而存在”①“全城邦可以得到自足而至善的生活，这些就是我们所谓人类真正的美满幸福”②。因此，政治的真正目的是追求幸福。

政权的性质对幸福的影响很大。研究显示，“人们的幸福水平

---

① ［古希腊］亚里士多德：《政治学》，吴寿彭译，商务印书馆 1965 年版，第 140 页。

② ［古希腊］亚里士多德：《政治学》，吴寿彭译，商务印书馆 1965 年版，第 143 页。

受他们生活于其中的政治制度类型的影响。一般来讲，生活于宪法民主制度中的人们更为幸福。因为从政者有按照公民利益来治理国家的动机，如果他们忽略公民的意愿，那么民主制度中的从政者及其所领导的政党将失去民众的选票，从而失去政权。同时，广泛的政治权利和民主的政治程序对公民的幸福水平也具有直接的影响作用。"①而在专制社会，被专政的对象则毫无幸福可言，如生活在奴隶社会中的奴隶。美国作家比切·斯托夫人在其著作《汤姆叔叔的小屋》小说中，把奴隶——汤姆的悲惨命运淋漓尽致地展现给世人面前。黑奴汤姆对主人极为忠诚，且是个有爱心的基督教徒，但因为主人欠债而被卖给奴隶贩子，随后又几经转卖，最终他惨死在奴隶主的皮鞭之下。同样，在纳粹政权统治下的德国，犹太人曾成为被屠杀对象。在当今的民主社会中，政治通常是在宪法所制定的规则下进行，政治的运行对民众的幸福也影响巨大。

政治之所以会影响人的幸福，我们认为有如下原因：首先，民众幸福需要安全的政治环境。"幸福水平与政治稳定程度之间有非常密切的关系。"②重大政治事件会对人们的幸福水平产生重大的影响。比如，动乱就会降低民众的生活满意度。我们知道，埃及在发展过程中存在许多深层次的矛盾：贫穷、高失业率、政治腐败、房价、物价飞涨、社会贫富差距悬殊。也就是这样的国家，因为骚乱和政治动荡，其在全球幸福指数榜上的排名较 2012 年下降幅度进一步扩大，由第 115 位下降到第 130 位。伊拉克也同样由于缺乏安全的政治环境，民众幸福感很低。其次，良好的政府管理有利于促进民众幸福。第一，政治体制和制度对幸福的影响。民主

① 王艺：《幸福转型论》，中国社会科学出版社 2012 年版，第 64 页。

② ［瑞士］布伦诺·S.弗雷、阿洛伊斯·斯塔特勒：《幸福与经济学：经济和制度对人类福祉的影响》，静也译，北京大学出版社 2006 年版，第 67 页。

的政治体制带给人民幸福可能源于直接民主给予民众更多的决策权，从而能更好地维护自己的利益。弗雷的研究表明："广泛的政治参与权……提高人们的主观福祉。"[①]第二，良好的政府管理一般会"以人为本""以人的幸福为本"，会更多地关注和发展民生幸福。"人民的权益是否得到保障、人民的生活是否得到改善、人民是否真正得到实惠……可以说，国家治理的好坏直接关系到老百姓的日常生活。"[②]最后，政治与幸福还有着本质的内在关联。人民越幸福，对政府的满意度和支持度也就越高，政府的管理就更为从容妥当。而政府管理越科学，人民获取幸福的可能性越大。因此，两者是相互促进的关系。

（三）文化

汉语中"文化"一词自古有之。《易经》中说："观乎人文，以化成天下。"孔颖达的《正义》解释道："观乎人文以化成天下者，言圣人观察人文，则诗书礼乐之谓，当法此教而化成天下也。"但是，现在人们所说的文化不再是用"人文"来进行"教化"的意思，它的含义发生了改变。广义的文化是指包括精神文明和物质文明所创造的一切东西，它包括物质文化、制度文化和心理文化等，甚至如国学大师季羡林所说，"汽车、飞机等等当然都包括在内"。狭义的文化则是指意识形态所创造的精神财富，具体包括哲学、宗教、文学、艺术、伦理、道德，等等。如今，人们往往使用狭义的文化概念，即常把文化与经济、政治等并列起来使用。

文化对幸福感的影响主要表现于它能提高人的精神幸福。人的精神幸福很大一部分就是来源于文化活动，并且文化活动还能

---

① ［瑞士］布伦诺·S.弗雷、阿洛伊斯·斯塔特勒：《幸福与经济学：经济和制度对人类福祉的影响》，静也译，北京大学出版社 2006 年版，第 166 页。

② 滕延妮：《国家治理现代化与百姓幸福生活》，《审计观察》2017 年第 2 期。

够最大限度地满足人的精神需要。因此，可以说从事文化活动是增进人们精神幸福的重要途径。在日常生活中，我们发现个人的文化素养对人的幸福也起作用。一般来说，文化素养高的人比文化素养低的人，更加懂得生活的情趣和品质，生活得更加有尊严、有意义，也感觉更幸福。

第一，道德与幸福。幸福离不开道德元素，“坚守道德原则，使得人们尽可能生活得和平、幸福……”。[①]

我国古代“五福”之一就有“好德”（《尚书·洪范》），但人们对于道德对幸福的作用观点不同：一是有德必然获得幸福，“道德之中即有幸福”[②]。如我国儒家所追求的“孔颜之乐”。西方斯多亚派主张的“德性作为一个整体式自身自足的，可以获得幸福”[③]“幸福生活只需要德性自身”[④]。二是道德仅能获得幸福的资格。“幸福并不与道德法则的遵循结合在一起。”[⑤]道德不是“如何使得自己幸福的学说，而是我们应当如何配享幸福的学说”[⑥]，它只是配享幸福的资格。

我们认为，“德福统一论”过于绝对，因为“德福”未必一致，“一个人即使是节制和明智的，也还是可能得病；相反，一个无视他的身体的人却还是可能保持身体强健和精神饱满。一个能干和诚实的人尽管十分努力却还是可能失败，而一个恶棍却可能通过不义

---

① ［美］雅克·蒂洛、基斯·克拉斯曼：《伦理学与生活》，程立显、刘建等译，世界图书出版公司2008年版，第27页。

② 周辅成选编：《西方伦理学名著选辑》（下），商务印书馆1987年版，第223页。

③ 苗力田主编：《古希腊哲学》，中国人民大学出版社1989年版，第622页。

④ 赵敦华：《西方哲学通史》，北京大学出版社1996年版，第288页。

⑤ ［德］康德：《康德著作全集》第5卷，李秋零译，中国人民大学出版社2010年版，第136页。

⑥ ［德］康德：《康德著作全集》第5卷，李秋零译，中国人民大学出版社2010年版，第137页。

手段积蓄大量财富。坦率常常给我们招来权势者的厌恶，而奉承却得到他们的喜好。”①因此，尽管道德高尚本身就可使人感觉幸福，但毕竟不是幸福的全部，谁都无法认同惨死的道德之人是幸福的；“道德配福说”也不科学，道德不只是配享幸福的资格，它是实现幸福的要素，修身养德是获取幸福的必要条件。因为没有道德，人与人之间无法交流、沟通，人际关系将会僵化，而且“人始终不渝地谋求幸福；他的软弱无力不断地提醒他：没有他人的帮助，就无法得到幸福。他也知道，怀有与他同样希望的人是无穷无尽的。他每时每刻都相信，他的幸福依赖于别人的幸福，而行善是他当前的幸福首要和最可靠的手段”②。

第二，信仰与幸福。信仰是人们对自己选定的世界观、人生观、价值观的信奉和遵循，并以此作为自己的精神寄托和行动指南，它居于人的精神世界并占据核心地位，贯穿于整个意识领域和精神活动之中。拥有真诚而深刻的信仰将不会被片刻丝毫的疑虑所淡化，更不会被虚假的信仰所破坏，拥有坚定信仰的人能做到不幸的事“猝然临之而不惊，无故加之而不怒”，在困难中仍然感受到幸福。在逆境中，信仰是人们追寻幸福的力量。总之，精神信仰与幸福呈显著正相关。

研究表明，“宗教信仰和生活满意度呈正相关关系”③“信仰上帝与幸福之间有一种积极的关系”④。马克思曾说：“宗教是精神鸦片，是幻想的太阳。”但是精神鸦片或说幻想的太阳也确实能给

① ［德］包尔生：《伦理学体系》，何怀宏、廖申白译，中国社会科学出版社 1988 年版，第 341 页。

② ［法］摩莱里：《自然法典》，黄建华、姜亚洲译，商务印书馆 1982 年版，第 90—91 页。

③ 彭代彦：《通向幸福之路》，中国社会科学出版社 2011 年版，第 158 页。

④ ［瑞士］布伦诺·S.弗雷、阿洛伊斯·斯塔特勒：《幸福与经济学：经济和制度对人类福祉的影响》，静也译，北京大学出版社 2006 年版，第 67 页。

予人短暂的精神抚慰。

当然，宗教信仰并不是唯一，它只是众多信仰中的一种。实际上，生活中人的信仰更多的是坚定的理想信念。如“文王拘而演《周易》，孔子厄而作《春秋》”，正是由于胸怀信仰，才能在逆境中保持不屈的斗志和奋起的勇气，同时体验逆境中的幸福。在苦难和贫穷中，拥有信仰，才能体会虽苦犹乐的精神幸福，即使“红米饭南瓜汤”也能让人“餐餐味道香和心里暖洋洋”。

信仰的幸福是存在于人们对信仰的追求活动之中，人们“只有在某种形式的活动中才能找到幸福”①。至于人们自身的信仰是否天遂人愿，不在他们的考虑之列，因为这个追求过程就是体验幸福和领略幸福的过程，正如俄国哲学家赫尔岑所说“一朝开始便永远能将事业继续下去的人是幸福的”。

第三，价值观与幸福。价值观是个体评价外部世界的支撑体系，个体所持有的价值观影响其对生活质量的评价。价值观对幸福感的影响主要表现于对生活满意度的影响。因为，人们的生活价值目标不同，对生活的满意度就会出现差异，这样，个人的幸福感也不同。

我们认为，“知足常乐”的价值观有利于提高人们的幸福感，而享乐主义的价值观则使人永远不幸福。持个人主义价值观的人常以自我为中心，只注重个人的利益，一切行为都以自我利益最大化为原则。为了追求自己的利益、幸福，不仅不会顾及他人的利益，有时甚至还会牺牲他人的利益和幸福来换取自己的幸福。他们往往注重索取，“索取”若达成，就自感幸福。拜金主义的价值观则主张有钱就幸福，将幸福金钱化，它还可能演变为幸福权力化、幸福

① ［美］科利斯·拉蒙特：《人道主义哲学》，贾高建、张海涛、董云虎译，华夏出版社1990年版，第241页。

利益化。功利主义价值观考虑一个人行为的结果的最大快乐或社会快乐的最大化,但结果它也可能牺牲部分个体的利益。

而马克思主义价值观则是以个人价值与社会价值的内在统一为基础,要求人们在进行价值选择时,尽可能地做到既对个人负责,也对社会负责;在个人利益与社会利益发生冲突时,能发扬先公后私、大公无私的奉献精神,做到个人利益服从集体利益。总而言之,马克思主义价值观认为人的自我价值和社会价值具有不可分割的内在联系:自我价值是社会价值的必要前提,而社会价值是自我价值的外在体现。因此,在追求幸福时,持有马克思主义的价值观的人会更多地关注社会幸福,对完全利己的行为不会感到幸福。在日常生活中,他们会合理地选择能够促使个人幸福和社会幸福有机统一的行为和事件。

第四,教育与幸福。教育是文化的表现形式,是文化中的一个重要组成部分。正如一些人类学家所指出的,所有主要的人类文化系统都必然包括教育的成分在内,虽然我们无法确切地指明文化应包括哪些领域,说明其涉及内容,但它首先应该包括教育等在其中。对于教育是否有利于幸福,存在两种对立的观点:

一种观点认为,教育和幸福是不相关或负相关。据说,"法国总统戴高乐曾说过,只有傻子才是幸福的。"[①]这种观点"似乎与以自我怀疑甚至精神混乱等为特征的知识分子阶层的形象是相互印证的,其中尼采是一个典型的例子"[②],因为教育会提高人的抱负水平,所以受过一定教育的人是否幸福可能与生活中的成功程度和较高抱负的实现程度关联很高。研究发现:"当人们受到失业的打击时,那些受过良好教育的人比那些受过较少教育的人更容易

①② [瑞士]布伦诺·S.弗雷、阿洛伊斯·斯塔特勒:《幸福与经济学:经济和制度对人类福祉的影响》,静也译,北京大学出版社2006年版,第67页。

产生忧虑(Clark and Oswald, 1994)”[①]弗洛伊德也曾在《精神分析引论》中描述了教育给人带来的不幸的例子。故事的大致内容如下：

在一幢楼房内，楼上楼下住着主仆两家，各家有一个女孩。两个女孩幼年时在一起生活、玩耍，后来，主人家的女孩受到良好的教育，而仆人家的女孩则任其自然发展。长大以后，受过良好教育的女孩常常出现负罪感、恐惧感，以致成年时突发精神病。相反，仆人家的女孩一生都在不断追求欲望的满足，最终得到了幸福。

因此，在弗洛伊德看来，“良好”的教育会破坏人的幸福，而遵循自然、顺人本性的发展才能促使人们得到幸福。

我们认为，如果仅仅对幸福做肤浅的理解，比如把幸福当作欲望的满足，或理解为转瞬即逝的快乐，那么，的确很难理解教育与幸福之间有多大的关联性。但我们不应该把动物式的满足或感觉当成人类的幸福，人应该知道“他能够所寻求的任何幸福都是不完美的”[②]，因为世界本来就是这样的。他宁愿做一个不满足的人，而不做一只满足的猪，因为“做一个不满足的人胜过做一只满足的猪；做不满足的苏格拉底胜于做一个满足的傻瓜”[③]。

另一种观点主张，教育和幸福是正相关的。因为，教育的主要目的在于培养人发现幸福、感受幸福和创造幸福的能力。人们常说，“活到老，学到老”，“学”就是一个受教育的过程。但就整个人生而言，“受教育”绝不是人生的终极目的，受教育的最终的目的还是为了获取幸福。倘若教育会使受教育者生活痛苦，人生悲惨，那么每个人都会对“教育”敬而远之。我们完全可以说，真正的教育

---

① ［瑞士］布伦诺・S.弗雷、阿洛伊斯・斯塔特勒：《幸福与经济学：经济和制度对人类福祉的影响》，静也译，北京大学出版社 2006 年版，第 67 页。

②③ ［英］约翰・穆勒：《功利主义》，徐大健译，商务印书馆，2007 年版，第 10 页。

是促使个人获得幸福的有效手段。

我们认为教育对人的幸福具有促进作用。首先，教育可以提高人们谋生的手段和技能，提升人的社会地位，从而能帮助人们获取更多的社会资源。其次，教育可以通过道德教育和审美教育规范人们的行为和提高人们的审美能力，让人们享受和谐、美好的生活。再次，教育可以加速人的社会化过程，提高其社会化程度，也能提高人们公民意识，推动他们积极参与政治等生活，促使人活出人的尊严。最后，教育还让人学会思考人之本质以及人生的意义，明晓幸福对人生的意义，从而促使受教育者更加主动地注重健康的生活方式，养成健全的人格，使人境界高远。

（四）社会

社会一词有广义和狭义之分，即广义和狭义的社会。广义的社会是指："由社会生产力和生产关系、经济基础与上层建筑构成的广泛的社会系统，是社会经济、政治、文化等要素的统一。"[①]而在本节中的社会概念是指狭义的社会，是与经济、政治、文化、生态相并列的社会子系统，包括五个方面："社会生活、社会关系、社会意识、社会生活环境和社会管理。"[②]其中社会管理，又称社会治理，是指"政府和社会组织为促进社会系统协调运转，对社会系统的组成部分、社会生活的不同领域以及社会发展的各个环节进行服务、组织、协调、监督和控制的过程"[③]。

狭义的社会对幸福感的影响，主要表现于社会管理对幸福感

① 于建荣：《中国特色社会主义社会文明研究》，中央文献出版社 2007 年版，第 3 页。

② 于建荣：《中国特色社会主义社会文明研究》，中央文献出版社 2007 年版，第 9—10 页。

③ 李学举：《提高构建社会主义和谐社会能力》，中央党校出版社 2005 年版，第 88—89 页。

的作用和社会支持对幸福感的意义。

首先，社会管理是人类社会必不可少的一项管理活动，其终极目标是幸福的生活。社会管理必须从维护最广大人民根本利益的高度，加快健全基本公共服务体系，加强和创新社会管理，推动社会主义幸福社会的建设。加强社会治理，必须以保障和改善民生为重点，要多谋民生之利，多解民生之忧，解决好人民最关心最直接最现实的利益问题，在学有所教、劳有所得、病有所医、老有所养、住有所居等方面持续取得新进展，努力让人民过上更好的生活。尤其注意，要通过社会保障提高民众的幸福感，因为社会保障涉及人们的生活底线。每个人都不可避免地经历生老病死，也可能偶然遭遇天灾人祸，倘若社会保障力度不够，将无法使民众安居乐业，这势必降低民众的幸福感。

其次，社会支持有利于增强人们的幸福感。大多数研究表明：社会支持与幸福感之间显著的正相关，那些获得较多社会支持的人会产生较多的幸福感体验。如，Carstensen 的研究发现，拥有亲密或高质量关系的人具有较高的快乐水平。2002 年，Diener 和 Seligman 在伊利诺伊大学进行的一项有关大学生的快乐水平的研究发现，在所抽取的学生中，有 10%的学生具有最高的快乐水平和最低的忧郁水平，他们最突出的共同点就是有良好的社会关系。而社会关系是重要的社会支持。社会关系的范围广泛，包括配偶关系、亲戚关系、朋友关系、同事关系、邻里关系等，这些关系都与人们持久的幸福感相关。一般情况下，“婚姻关系稳固，家庭关系谐调，朋友来往密切，同事关系融洽，邻里关系和睦”[①]会使人感到幸福。相反，“社会关系失调会导致身心障碍，既影响心血管

① 方纲：《和谐社会视野下的城乡居民主观幸福差异研究——以成都市为例》，西南交通大学出版社 2011 年版，第 98 页。

系统、内分泌系统和免疫系统的激活，又影响家庭成员的彼此照料、邻里之间的和睦相处、同事之间的通力合作以及夫妻双方的婚姻质量。感到不幸福的人往往是经历了离异、分居、丧偶和孤独的人。”①

（五）生态

上文我们论述了社会对人的幸福具有很大影响，但“人生活在双重的环境里：在宇宙的环境或自然的环境里和在经济的或他们自己所创造的人为的环境里。这两种环境的共同作用和反作用决定人和人类社会的进化”②。人的幸福还离不开良好的自然生态。自然环境状况直接影响人本身的自然的身体健康。人直接是一个自然存在物，自然界为满足人的生存需要提供必要的物质前提，是“人的无机的身体”③。自然环境如气候、水文、地质、山川等与人的生存发展息息相关，自然资源越丰富，自然条件越便利，自然再生产能力越强，人类“可获得的生存资料就愈丰富，人本身的自然就愈发达”④。以前，自然资源丰富，环境优越，人们很少会注意生态问题。反而，有人主张人类中心主义，认为人具有无穷的创造力，可以随心所欲地改变自然，甚至创造自然。

近代以来，特别是20世纪之后，人类为了追求丰富的物质财富，对自然过度地进行开发和利用，对自然界无止境地进行索取、实行掠夺式破坏。直到现在，人类必须面对资源过度消耗、环境污染、生态恶化及全球变暖等问题。这些问题已经成为全球性的重

① 方纲：《和谐社会视野下的城乡居民主观幸福差异研究——以成都市为例》，西南交通大学出版社2011年版，第98页。

② [法]拉法格：《思想起源论》，王子野译，生活·读书·新知三联书店1963年版，第31页。

③ 马克思、恩格斯：《马克思恩格斯文集》第1卷，人民出版社2009年版，第161页。

④ 马克思、恩格斯：《马克思恩格斯文集》第9卷，人民出版社2009年版，第167页。

大问题，并且严重地阻碍着经济社会的发展和人民生活质量的提高，继而威胁着全人类的未来生存和发展，最终严重影响人类的幸福。

脱离良好的生态环境，任何幸福都是空洞的。现在，人们发现生态是人类实现幸福的必要条件。良好的生态环境，既能保障当代人共同的幸福，还能造福于子孙后代。倘若破坏自然环境，导致生态失衡、恶化，则于己于人，乃至对后代都是不幸，它最终甚至还可能毁灭人类的幸福。因此，人类要想幸福长存，就要爱护环境，保护生态，用自觉的生态意识保护整个生态系统，维护人类共同的利益。任何国家、民族如果只是为了虚假的繁荣或狭隘的私利而破坏生态环境，最终将是与人类追求幸福的目标背道而驰。

第三章
国人幸福指数

第一节　幸福指数

近年来，人们对幸福的要求越来越高，除了要求主观上感受到幸福外，还希望能够准确地衡量自己的幸福，从而能更好、更有效、更幸福地追求幸福。人们不再满足于追求幸福的感觉，而希望幸福具有可测、可控，于是，幸福指数应运而生。幸福指数实质上就是对人们通常所说的幸福感的量化，它是衡量民众幸福感受程度的指标体系。

一、人类对幸福量化的求索历程

德国著名汉学家鲍吾刚曾说："每一种幸福的形式——不管是个人幸福还是集体幸福——根本上都是难以描绘的。它就像我们呼吸的空气那样无影无形，只有保持一段距离、当它披上色彩时才能辨识出来。如果想要忠实地描绘幸福是什么，那么情形总是如此：要么因太近而被蒙蔽，要么——更为常见的——因太远而模糊不清，只能感受到隐隐约约的一些轮廓。"①但由于人类对幸福的执着追求，所以人类从未放弃对幸福的描绘和测量。

2 000 多年前，古希腊哲学家柏拉图就说："僭主距离真正的快乐的间隔是三乘三得，如果用数字来表示的话……王者的生活比僭主的生活快乐 729 倍。"②当然，柏拉图采用"倍数和平方"的运

---

① ［德］鲍吾刚：《中国人的幸福观》，严蓓雯、韩雪临、吴德祖译，江苏人民出版社 2004 年版，第 1 页。

② ［古希腊］柏拉图：《理想国》，郭斌和、张竹明译，商务印书馆 2002 年版，第 379 页。

算，并非什么科学的计算方法，其目的旨在表示“僭主”的生活极其痛苦与不幸。但他的这种思想还是具有重大的意义的，开启了人类对幸福进行度量的尝试。因为计算具有直观性，倘若真能通过数学的方法计算出幸福，那么，对人类而言，幸福就不再神秘，而是一目了然。

18 世纪英国功利主义哲学家边沁从快乐主义原则出发，继续探索幸福的计算方式。他对快乐和痛苦进行分类，列出了 14“乐”和 12“苦”，即“感官、财富、技能、和睦、名誉、权势、虔诚、仁慈、作恶、回忆、想象、期望和基于联系之乐以及解脱之乐；匮乏、感官、棘手、敌意、恶名、虔诚、仁慈、作恶、回忆、想象、期望和基于联系之苦”，[①]他主张幸福可以通过人们所体验的快乐和痛苦情感进行权衡来测定。一项快乐或痛苦本身的值多大多小将依据下列七种情况来定，即“强度、持续时间、确定性或不确定性、邻近或偏远、丰度、纯度和广度”[②]。然而任何有生活经验的人都知道快乐和痛苦是无法精确的，因此他的研究受到广泛的质疑。如 19 世纪英国哲学家西季威克就认为，幸福的度量在基于利己的快乐主义的假设前提下而做出，因为无论是采取经验的快乐主义或客观的快乐主义的研究取向，所得到的幸福度都是极不可靠的。

到了 20 世纪，有关幸福的研究从哲学向其他学科发展，幸福测量又重新唤起了人们的兴趣。有些经济学家和心理学家绞尽脑汁提出了一些有关幸福的计算公式。如：美国经济学家保罗·萨缪尔森认为“幸福＝效用/欲望”。当欲望既定时，效用越大，越幸福；当效用既定时，欲望越小越幸福。美国心理学家塞利格曼也提

① ［英］边沁：《道德与立法原理导论》，时殷弘译，商务印书馆 2000 年版，第 91 页。

② ［英］边沁：《道德与立法原理导论》，时殷弘译，商务印书馆 2000 年版，第 88—89 页。

出他的幸福公式，即总幸福指数＝先天的遗传素质＋后天的环境＋你能主动控制的心理力量（H＝S＋C＋V）。而英国心理学家卡尔和皮特推算出的“幸福”组成公式则是 Felicidad（幸福指数）＝P＋（5×E）＋（3×N）。其中，P 代表人的性格、人生观以及他的适应能力和耐力；E 则指人的健康及他的财富和友谊的稳定程度；N 的含义就是人的自我评价、对生活抱有的期望值、性情和他的欲望。

但“幸福指数”概念最早还是来源于地处喜马拉雅山脉东段南坡的不丹王国。1972 年，当时的不丹国王吉格梅·辛格·旺楚克提出，人生基本的问题是如何在物质生活和精神生活之间保持平衡。为此，不丹创造性地提出了由经济增长、环境保护、文化发展和政府善治共四个方面组成的“国民幸福指数”（Gross National Happiness Index, GNH）。追求该指数最大化是不丹政府最高的发展目标。经过人类 20 多年的实践，不丹提出的 GNH 在全球引起了广泛关注。此后，世界各国掀起构建幸福指数指标体系的潮流。20 世纪 80 年代中后期，国内学者开始了对幸福感测量问题的研究。

构建幸福指数体系是人类对有关幸福的问题研究的又一次新的尝试。人们试图通过它对生存和发展状况方面进行量化，以判断人们是否幸福。在操作层面上，幸福指数的测量自有一套复杂的体系。山东大学邢占军教授提出，民众幸福指数指标体系主要包括以下十个评价指标：“知足充裕体验指数、心理健康体验指数、成长发展体验指数、社会信心体验指数、目标价值体验指数、自我接受体验指数、人际适应体验指数、身体健康体验指数、心态平衡体验指数、家庭氛围体验指数。”[①]通过对上述十个方面进行考察，把幸福问题具体化、数字化，把人们对幸福的感性认识上升到理性

① 邢占军：《幸福指数的指标体系构建与追踪研究》，《数据》2006 年第 8 期。

认识。因此，幸福指数现在是受到大家的追捧，已成为衡量一个国家国民幸福感的标准。如今，国民幸福指数(GNH)甚至取代 GDP 履行着监控国家经济社会运行态势，了解人民的生活满意度的职责。这里需要指出的是，幸福指数与 GDP 并不是非此即彼的关系，提倡幸福指数并不一概排斥 GDP，尤其对发展中国家来说，发展经济，创造财富，不断地提高民众的收入，还是社会各项事业发展的前提。

二、对幸福指数的反思

但幸福指数真的能等同于幸福感吗？一份调查问卷或一组数据分析就可以轻易地告诉某人是幸福，还是不幸吗？我们认为，不管幸福指数的指标体系设计多么合理，测量方法和程序如何科学，测量结果的分析怎样专业，幸福指数都不可能准确地告知人们是否幸福。因为人的幸福感是一个活生生的人的心理和情感体验，具有动态、发展的特征，而不是绝对的、不变的。因此，用一个固定的指标体系去测量一个永远在发展变化的人的幸福感，无疑有刻舟求剑之嫌。比如，人并非总能对自己的感受作出准确的判断和记忆。还有，近期发生的事件容易使人对自己的生活产生错觉，从而导致评价失真，像人们在成功之时也许会认为自己是世界上最幸福的人，而在失败之时的表现通常正好相反。但经过一段时间后，也许他们对幸福的感觉又都恢复常态。

在现有的科学技术前提下，人们对幸福本身根本无法做到准确地量化，还只能尝试对幸福的某些构成要件进行量化，如健康、收入、社会制度和生态环境，等等。因此，我们切不可把幸福指数简单化，而把幸福指数就等同于幸福感。

在实践中，我们还发现幸福指数之间常常相互矛盾。譬如“荷兰伊拉斯谟大学曾对中国国民的幸福感进行了 3 次调查，其中，

1990年国民幸福指数6.64(1～10标度),1995年上升到7.08,但2001年却下降到6.60。到了2009年12月,美国密歇根大学社会研究所公布的幸福调查显示,中国人的幸福感仍在下降,现在的中国人没有10年前快乐了。”[①]但2010年10月《小康》杂志会同有关专家及清华大学媒介调查实验室,对国人的幸福感进行调查,得出2009—2010年度中国幸福指数为79.5分,国人似乎很幸福。2020年《世界幸福指数报告》出炉,中国大陆幸福指数排第93位,国人幸福指数很低,国人又似乎不幸福。

由于人类对幸福进行了几千年的理论探讨,总让人感觉是纸上谈兵。而目前,人类在现实中又找不到其他更好的办法来研究人类的幸福问题,所以尽管幸福指数存在很大的不足,但或许幸福指数是目前可选择的最优路径。毕竟,它使幸福似乎变得触手可及,有径可循。而且,幸福指数还有一大功能:它可以显示人们主观的生活质量的状况和变化趋势,从而为国家及时地调整政策取向提供数据支持,以使国家采取适当的政策更好地促进社会有效运转和良性发展。

第二节　国人幸福指数现状

2012年4月,联合国首次发布《全球幸福指数报告》(*World Happiness Report*),中国的幸福指数在全球位列第121位。该报告的时间跨度是从2005年至2011年,对全球156个国家和地区

① 武洁:《国人“幸福感”缘何每况愈下?》,《上海金融报》2010年10月22日第A02版。

人民的幸福程度进行比较，评价内容包括九大领域：教育、健康、环境、管理、时间、文化多样性和包容性、社区活力、内心幸福感、生活水平等。2013 年，在联合国赞助下美国哥伦比亚大学地球研究所发布了第二个全球幸福指数报告。报告称，中国的幸福指数位列全球第 93 位。报告的标准涉及教育、健康、环境、包容性、内心幸福感、生活水平等领域。如前所述，2020 年 9 月，联合国发布《全球幸福指数报告》，中国的幸福指数在全球位列也是第 93 位。

2013 年、2020 年中国的幸福指数位次较 2012 年的《全球幸福指数报告》中的排位约上升 30 位，但还是位列中下，属于比较缺少幸福感的国家之列。这样的结果或多或少让人感到有些意外。因为，多年来中国经济一直都是蒸蒸日上，2008 年世界金融危机爆发，中国经济稳健发展，尤其是 2020 年新冠肺炎疫情“黑天鹅”突袭，世界经济陷入衰退，我国经济在疫情大考下实现正增长，经济总量首次迈上 100 万亿元新台阶，增长率为 2.3%。我们国人有很多幸福的理由。总之，从国家层面来说，改革开放 40 多年所取得的经济成就在世界上首屈一指。我国已经彻底地改变了贫穷落后的状态，不再是穷困之邦和饥饿之国，也不再受人欺侮、任人宰割，国家的国际地位逐步提升，而且国家政治民主也在不断进步。从民众角度来说，居民收入逐年增加，人民的生活水平不断提高。如国家统计局公布，2020 年全国居民人均可支配收入中位数 27 540 元，其中城镇居民人均可支配收入中位数 40 378 元，农村居民人均可支配收入中位数 15 204 元。而且随着收入水平增加，居民生活得到改善，医疗卫生事业得到发展，居民的健康水平也显著提高。近年来，居民的住房环境、房屋质量、住房设施均得到了不同程度的改善，社区环境进一步优化，人们的业余生活也更加丰富。但我们同时认为，联合国《全球幸福指数报告》发布的结论有一定的参考价值。

中国国家统计局公布2012年全国居民收入基尼系数为0.474,2013年全国居民收入基尼系数为0.473,2014年全国居民收入基尼系数为0.469,2015年全国居民收入基尼系数为0.462,2016年全国居民收入基尼系数为0.465,2017年全国居民收入基尼系数为0.467,2018年全国居民收入基尼系数为0.468,2019年全国居民收入基尼系数为0.465。新时代我国还存在人民日益增长的美好生活需要和不平衡、不充分的发展之间的社会主要矛盾,国人自有不幸福的缘由。《2013年北京社会建设分析报告》也指出社会矛盾总体水平下降6.1%,2014年北京市社会矛盾总体趋于缓和,主观水平得分为44.3分,较2013年下降了3.9%,但在公共安全、教育、环境和交通、医疗等方面的矛盾仍在高位徘徊,居民隐性不满继续积累。这些矛盾不说具有普遍性,至少在一定程度上存在,我们认为它们正成为国人感到不幸福的理由。

第三节 国人幸福指数不高的浅层原因

对国人幸福指数不高的浅层原因进行简单概括:一是富裕后的困惑,因为很多人富裕了,但并不幸福,这颠覆了人们对幸福的传统认识;二是面对住房、教育、医疗表现出的难题,国人也深感不幸福;三是生态环境的恶化,也让人生活在郁闷之中。

一、富裕后的困惑

一般人认为,只要富有了,拥有大量财富,自然就幸福,但事实上并非如此,除非他们的幸福就是单纯追求物质的享受、感官的刺激和奢侈的生活。我们认为,财富只是衡量人们商业成功的标志,而“衡量人生的标准是幸福”[①]。其实，生活中大多数给予人幸福的东西是钱买不到的，比如，浓浓的亲情、纯洁的友情、温馨的爱情。金钱只能够改善人们生活的环境和条件，为人们享受各种物质生活提供便利，能很好地履行和完成物质之间的交换功能，但是它很难在一定程度上给人带来精神上的愉悦和快乐。

当前，国人普遍比以前富裕，还有些人是暴富，但他们似乎并不感到幸福，这使得很多人感到困惑。其实他们不知道金钱在幸福面前并没有确定的价值。当“经济增长与收入增加常常以牺牲健康、亲情、闲暇与生态环境为代价，从而出现……‘有发展，无提高’的发展新难题。即经济社会有发展，国民幸福指数没有提高”[②]。还有，人们会和其他人进行比较而得出幸福感受的判断。如果个人效用与自己的收入水平呈正相关，但与社会的平均收入水平呈负相关，将导致收入——幸福曲线下移，从而使得总效用水平保持不变。通俗地说，就是随着社会富裕程度的提高，尽管个人的绝对收入水平和绝对消费水平也提高了，但如果这种提高低于社会平均水平的增长，那么，个人的幸福感将可能不升反降，因为他的相对贫困感增强了，攀比心理导致其幸福感不升反降。如果自己优于别人，就会感到幸福。大量调查表明：“对人们的快乐和痛苦来说，相对收入是一个重要的指标，人们往往是在攀比中使自己的幸福感下降的。”[③]“拿起筷子吃肉，放下筷子骂娘”就是这个道理。再有，人们具有很强的适应性。当经济状况刚刚改善的起始阶段会产生很强的幸福感，但重复出现的事情不再让人总保持激情。因为，人们已经习以为常。

---

① [美]泰勒·本-沙哈尔：《幸福的方法》，王冰、刘骏杰译，当代中国出版社2007年版，第53页。

② 陈惠雄：《陈惠雄解读快乐学》，北京大学出版社2008年版，第16页。

③ 陈惠雄：《陈惠雄解读快乐学》，北京大学出版社2008年版，第84页。

很多人对“国人富了而未幸福”感到困惑，是因为颠覆了他们之前的对幸福的认识。他们曾拼命地追求财富，是因为他们错误地认为金钱会带来幸福，完全把幸福等同于财富。结果当他们真的富有了以后，他们发现并没有得到其想要的幸福，于是就觉得难以理解和困惑。“富了，但不幸福”并不是中国独有的现象，它具有普遍性。因为这里的富了，只是狭义的物质财富的增加，而非精神财富也同步富裕，而“过于丰富的物质反而有可能慢慢让我们产生不幸福的感觉，因为物质一直在增多，而我们无法全部拥有它。每天都有诱人的新商品出现……不能拥有全世界的物品让你觉得烦恼，但拥有它们却不能增加你的幸福”①。而人们的精神财富也许并未增加，相反很多人沉溺于物质，只“期望物质带给你幸福，那你注定要感到不幸”②。

二、“三难”问题让人不幸福

从国家层面来说，幸福在于做好民生幸福工作。具体地说，就是让广大人民群众有饭吃，有衣穿，有屋住，学有所教，病有所医，老有所养，大家都过上好日子。倘若这些都实现了，老百姓将会感到幸福。我们现在吃饭穿衣的问题基本上解决了，但“住房、教育、医疗”三大难题仍旧困扰着国人。

（一）房子让国人不幸福

住房问题是一项关乎权利与福祉的民生工程。房子不仅仅是一个单纯的栖身之所，更与生活质量、个人地位紧密相关，并关系着情感亲疏，甚至关涉家庭的存亡。房子，在很大程度上决定着居民生活得是否轻松舒适，关乎人们幸福感的高低。

---

①② ［美］伊斯特布鲁克：《美国人何以如此郁闷：进步的悖论》，喻文中、黄海燕译，中国商务出版社2005年版，第95页。

在 1998 年之前，国内的房子是不能作为商品进行买卖的，而是与个人的工作年限、职务级别等密切挂钩。直到 1998 年 7 月 3 日，国务院下发了《关于进一步深化城镇住房制度改革加快住房建设的通知》，宣布“停止住房实物分配，逐步实行住房分配货币化”。为了刺激百姓买房，政府还同步出台了种种金融政策为房地产业的发展保驾护航。如，允许商业银行给购房者提供住房按揭贷款服务以及中国人民银行则安排了 1 000 亿元住房贷款指导性计划。在国家政策的激励下，房地产业如同挣脱缰绳的野马，一路狂奔，大中小城市的房价不断飙升。北京、上海等一线城市的房价涨幅领跑全国，其他二、三和四线城市紧随其后。

我们并不否定“房改”的基本思路是好的。因为房地产市场化之后，住房作为固定资产，提升了家庭人均收入，而且主要的是房子可以自由买卖。这样，对有钱之人来说，想买房就能买；对有房之人来说，想卖房就能卖。但现在的问题是房价过高，你能想买就买吗？2008 年以后房价的快速、持续上涨是我国经济发展的一个特殊且重要的现象。当时，我国政府为了应对次贷危机而推出的“一揽子计划”，使得我国大量企业投资房地产业，我国房价在此之后上涨速度较快。尽管政府后续出台一系列的调控政策，但房价还是延续了连续攀升的走势，直到中央三令五申“房住不炒”，房价总算像被套马杆套住的脱缰野马一样出现回落走势，只是价格已经站在了很高的位置。

从目前的房价来看，“买房”不仅是低收入人群难以企及的梦想，就算是中等收入者也要付出艰辛的代价。一些在城市生活的白领，即使住在宽敞的房子里，也因为购买房子时倾尽所有而沦为“房奴”。2010 年中国社会科学院和北京工业大学联合发布的《2010 年北京社会建设分析报告》中指出，北京住房价格快速上涨严重超过了一般家庭的支付能力，一般家庭需要 25 年的收入才能买得起一套90平方米的住宅，房价收入比为25∶1。这也意味着一般家庭一朝买房，将要做25年的房奴。可见，曾经良好的初衷，现在却让大多数人仍然陷入生活的困境，因为他们跟不上房价飞涨的步伐。“蜗居”“蚁族”等词，大家都早已熟记于心。在《蜗居》电视剧中，“郭海藻、郭海萍姐妹俩前后来到江州这个大城市寻求安定的生活。海萍有一份稳定的工作、好好先生的老公，还有一个因为房子太小而不能放在身边的女儿，她开始为了一套房子日思夜想。”房子确实对每个人来说都很重要，因为它是人们的栖身之所，给人以安全感。没有安全感，哪来幸福感。

（二）教育让国人不幸福

“百年大计，教育为本”，大家早已耳熟能详。众所周知，中国未来发展、中华民族伟大复兴，关键靠人才，基础在教育。教育既是民族振兴、社会进步的基石，也是提高国民素质，促进人全面发展的根本途径，同时，它寄托着亿万家庭对美好生活的期盼。新浪网教育频道联合相关的调查机构曾发布的一份“中国家庭教育消费报告”称，有61.9%的网民不满意现在的状态，他们急切盼望通过教育来改变现状，但很多人正在接受教育却发现教育并不能使他们幸福。2010年，陕西宝鸡市陈仓区虢镇中学的老师巨维刚曾在中国教育新闻网发出他对教育的17条期盼，其中有“教育应是贫苦大众改变命运的切实途径之一；优质教育应也能服务贫苦人家的孩子；打工儿童、留守儿童就学再公平点；让大学生这个品牌值点钱”。这些期盼说明当前的教育现状并不令人满意。

首先，因为上学难。一是学生学习难。法国作家安德烈·莫罗阿曾经说过：“什么事情都好似由于群众犯了一桩巨大的谬误，而这个群众却是大家都参与着的，且大家都想阻止，而实际上终于莫名其妙地受着谬误的行动的影响。"[①]用这段话形容中国学生的现状非常贴切。他们在素质教育的大旗下,必须满足素质教育的特长要求;同时在应试教育的指挥棒下,又必须埋头苦学来应对应试教育。学生在应试教育与素质教育二者之间疲于奔命,甚至有的学校在素质教育的旗帜下继续进行应试教育,采取的是"应试教育+"的形式,应试教育模式不变,以前怎么教怎么考还是怎么教怎么考,只是加上一门打鼓或足球或篮球或舞蹈等特长训练,就美其名为素质教育。二是教育费用高。2017 年新浪教育频道联合相关的研究机构发布的《中国家庭教育消费白皮书》表示,教育支出占家庭年收入 20%以上。

其次,就业难。1977 年恢复高考时的大学生似乎都是"祖国之幸,民族之福",美好的未来等待他们去创造。但从 1999 年国家实行扩招政策后,大学的窄门变阔,到现在昔日骄子的就业成为社会的一大难题。首先,就业人数不断增多,加大就业难度。据相关统计显示,目前我国高等教育在校大学生总规模已经超过 3 000 万人,在绝对数量上的确十分庞大。未来五年,全国高校毕业生数量都将保持在年均 700 万左右的高位。其次,就业结构性矛盾突出。有学者进行了大学生毕业就业意向与就业行为的相关调查,结果发现"45.5%的毕业生倾向于在沿海地区择业,58.5%的毕业生不愿意到西部地区工作,77.4%的毕业生不愿意到农村地区就业。"[②]最后,大中专毕业生普遍存在所学专业知识不够扎实,再学习能力不足,综合能力不强的情况。据有关报道称,2012 年近六成放弃高考之人最重要的原因就是就业难。

---

① [法]安德烈·莫罗阿:《人生五大问题》,傅雷译,生活·读书·新知三联书店 1986 年版,第 1 页。

② 赖德胜、吉利:《大学生择业取向的制度分析》,《宏观经济研究》2003 年第 7 期。

最后，教育不公平。教育公平是指“在某一特定的社会条件下，人人享有平等的受教育权利和机会，使其潜能得到最充分的发展”①。教育公平至少要包含两层含义：一是教育机会均等，二是教育过程公平。但现在，对很多人来说，教育好像是进入一个“拼爹”的时代。权力和财富相结合堵塞了很多人通过教育上升的通道。过度集中的社会资源与利益被少数集团或少数人掌握，他们通过撬动自身的资本或权力杠杆，占据更好的教育资源与话语权。目前，城乡之间、区域之间的教育条件截然不同；农村子女以及城市家庭的弱势阶层，获得的教育机会相对较少，教育条件也更恶劣。

（三）医疗让国人不幸福

“中国医疗资源总量不足、分布不合理、优质资源匮乏。看病难、看病贵的问题的核心表现为供需矛盾……‘看病难看病贵’所反映出的问题是全方位的：从医到药、从城市到农村、从‘小病难瞧’到‘大病致贫’、从‘医德缺失’到‘医患矛盾’。”②“看病难，看病贵”正透支着中国老百姓的幸福，它已经成为国人幸福的绊脚石。再加上当前部分紧张、局部恶劣的医患关系，也严重影响民生幸福。

人们关注度最高的三大医疗问题是看病排队难、医德败坏与就医费用高。我们曾做过一个调查，结果是“35％的人感觉‘就医费用高’，26％的人体验‘看病排队难’，5.3％的人认为‘医德败坏’”。“看病难”体现在看病过程的诸多环节上：上好医院难、找好医生难、排队挂号难、批价诊疗难。

由中华人民共和国卫生健康委员会编纂的《中国卫生统计年鉴》披露了2017—2019年卫生部门所属公立综合医院的人次均门

---

①　蒋士会、唐德海编著：《当代教育理论前沿问题概览》，广西师范大学出版社2003年版，第231页。

②　http://ah.ifeng.com/a/20160308/4346713_0.shtml.

诊费用和住院费用(见表 4.1),从中我们可以清楚地看到何谓“看病贵”。考察这类医院的平均医药费用,我们发现公立医院的平均医药费用每年都在增长。因此,对农村的居民来说,只要他或她生一次病,住一次院,一年的生活费开支也许就将耗尽大半。生一场重病,如果没有其他接济,生活或将没有着落,他的家庭就可能因此致贫。

表 4.1 2017—2019 年卫生部门所属公立综合医院的人次均门诊费用与住院费用

年份	门诊费用(元)	住院费用(元)	城市人均年可支配收入		农村人均年纯收入	
			金额(元)	住院费用占收入之比(%)	金额(元)	住院费用占收入之比(%)
2017	257.0	8 890.7	36 396	25.1	13 432	68.1
2018	274.1	9 291.9	39 251	24.3	14 617	65.4
2019	290.8	9 848.4	42 359	23.9	16 021	63.2

资料来源:1.《中国卫生统计年鉴》;2. 国家统计局发布的《中国统计年鉴》。

当然,“看病贵,看病难”,根本原因还在于制度性因素。第一,国家对医疗事业的财政投入不足,且投入过度集中在城市、集中在少数大医院,而中小医院则面临资金短缺。结果是由于医院之间发展不平衡,导致大医院“人满为患”,小医生“医多病少”。第二,医疗改革进程缓慢。国家正在逐年加大医保人员覆盖面、疾病保险范围,但目前因病致贫、因病返贫的例子仍不在少数。为此,国务院总理温家宝说:“医疗制度的改革是政府的一项重要任务,虽然它是一项世界性的难题,但是我们迎难而上,毫不退缩。”[①]李克

① http://www.gov.cn/govweb/zlft2010/content_1543625.htm.

强总理明确要求“深化医改要从老百姓最关心的问题突破”①。2021 年 3 月 6 日，习近平总书记在看望参加政协会议的医药卫生界教育界委员时强调：“要把保障人民健康放在优先发展的战略位置，坚持基本医疗卫生事业的公益性，聚焦影响人民健康的重大疾病和主要问题，加快实施健康中国行动，织牢国家公共卫生防护网，推动公立医院高质量发展，为人民提供全方位全周期健康服务”②。我们有理由相信我国的医疗卫生事业将会取得长足发展，新医改能真正做到尽力而为与量力而行结合，切实减轻人民就医负担，让“因病致贫”成为历史。

三、生态环境让国人不幸福

从工业革命以后，特别是 20 世纪伴随着经济的飞速发展，生态问题越来越成为全球性的威胁人类生存、安全、发展和幸福的重大问题。我国自改革开放以来，经济实现了快速发展，但经济发展的某些因素，特别是工业经济的发展，也给生态带来严重问题。现在有人说，白天能看到蓝天，晚上能看见星星就是幸福；也有人说，只要河水干净，不用净化就能喝就是幸福；还有人说，能吃上令人放心无污染的食物就是幸福。当然，如果满足他们提出要求，他们也不一定幸福，前文我们已经就幸福“满足说”进行驳斥。但从他们的言语中流露了对美好环境的渴望，说明了优良的生态环境对人们幸福的意义，也可以看出生态环境恶化让人们感到很不幸福。

我国环境污染严重，生态破坏加剧，正如清华大学胡鞍钢教授所说，“先天不足，并非优越；人为破坏，后天失调；退化污染，兼而

---

① http://www.gov.cn/zhengce/2017-07/26/content_5213393.htm.

② http://news.cnr.cn/native/gd/20210306/t20210306_525429598.shtml.

有之；局部在改善，整体在恶化；治理能力远远赶不上破坏速度，环境质量每况愈下，从而形成中国历史上规模最大、涉及面最广、后果最严重的生态破坏和环境污染。”①

首先，大气污染是环境问题中较为突出的一个问题。“人一刻也离不开空气。在通常情况下，一个人每昼夜要呼吸 2 万多次，进出人体空气的总量达到 12 立方米。”②当人吸入空气中含有有毒有害的物质，可能造成或加重支气管炎、哮喘等疾病。现在，雾霾天气对国人来说已不再陌生，在我国很多地方出现了雾霾天气。而雾霾里面含有多种对人体有害的细颗粒、有毒物质。专家认为，五大疾病或与雾霾天气有关，包括上呼吸道感染、支气管哮喘、肺癌、结膜炎、小儿佝偻病。还有被称为“空中死神”的酸雨，pH 值小于 5.6。它对地球生态系统危害很大，它会滤掉森林的营养，使土壤肥力减弱，植物枯死，生物种类减少。目前的降水面积（酸雨区）不断扩大，约占国土总面积的 40%，而且 pH 值小于 5.6 的降水等值线从长江以南地区大幅度开始向西北移动，目前已越过了长江和黄河。

2012 年，全国酸雨污染总体稳定，但程度依然较重。经过这些年的环保努力，到 2018 年全国酸雨区面积约 53 万平方公里，占国土面积的 5.5%。酸雨污染主要分布在长江以南——云贵高原以东地区，主要包括浙江、上海的大部分地区，福建北部、江西中部、湖南中东部、广东中部、重庆南部地区。

其次，大量未经处理的生活污水、工业废水直接排入河流、湖泊和地下造成大面积的水污染，给人们带来严重的健康危害。据世界卫生组织的调查报告显示，80%的疾病、1/3 的死亡率与饮用

---

① 胡鞍钢：《中国环境十大危机》，《发现》1997 年第 3 期。

② 龚沛光、陈泮勤：《大气污染》，气象出版社 1985 年版，第 10 页。

受污染的水有关。饮用不良水质可以导致的消化系统疾病、心脑血管疾病、皮肤病、癌症、结石等各种疾病多达 50 多种。目前，我国水体污染问题依然严重。根据《中国环境状况公报》指出，长江、黄河、珠江、松花江、淮河、海河、辽河、浙闽片河流、西北诸河和西南诸河等十大流域中有一半受到污染，其中海河流域中度污染。水体污染不仅加剧了水资源的短缺，还导致水质严重恶化，威胁着百姓的身心健康。世界银行的一项测算表明，中国每年空气和水污染造成的损失约占当年 GDP 的 8%左右，环境污染使中国发展成本比世界平均水平高 7%。

最后是固体废弃物存放量过大，具有危害环境的潜在性；还有土地荒漠化严重，而土地沙化又给大风起沙制造了物质源泉。我国北方地区曾经沙尘暴发生越来越频繁，且强度大，范围广。近几年，经过多方努力，我国北方地区能明显感受到沙尘天气的次数越来越少了。

第四节　国人幸福指数不高的深层原因

国人幸福指数不高的深层原因有社会支持系统动摇，传统优秀品质被消解，人们的幸福思想发生异化，特别是物化现象严重。还有，当前社会存在一些不公平的现象也降低了人们的幸福感。最后，不安全感加剧，让人们常与幸福失之交臂。

一、社会支持系统动摇

中国传统文化是一种集体主义文化，它不同于西方的个体主义文化。这种文化非常注重“人我”关系，强调人与人之间的和睦和依存以及个体对集体的义务和责任，并主张为集体利益而放弃个体利益。而且该传统文化为中国人产生了一套完整的社会支持系统，成为国人日常生活的安全闸门。该系统包含三个方面：一是“家庭”人伦关系，“中国传统社会最大的特色是以家庭为社会活动的中心，每个人一生的绝大部分时间都生活在家庭的范围内，家庭就像一个人为的堡垒，变成每一个成员的最安全的避风港”；[①]二是以“家庭”为圆心外推的人际关系；三是“儒本道用”的人生观。

但是现在家庭范围逐渐变小，而家庭流动性逐渐增强，家庭稳定性在不断下降。因此，传统的“家庭”人伦关系随着大家庭的逐渐解体而动摇，家庭结构的变化促使中国传统的家庭观念也发生变化。接着，以家庭人伦关系为圆心的人际关系也发生变化，社会人际关系缺乏互信，混乱无序。在人与人相互提防以及人际秩序混乱的状况下，人们的行为往往显得无所依从。最后，“儒本道用”的人生观发生动摇。在传统的中国人心中，儒、道从来没有彻底分开过。中国人永远骨子里是儒家，而面子上是道家。传统的中国人对通达和慎独之技巧烂熟于心，进可实现人生抱负，退可平淡生活。但现在的人们把“儒道”彻底分离，“进退维谷”，从而使人们心情浮躁、情绪焦虑。

现代的建筑也阻碍社会支持系统作用的发挥。高楼林立的现代建筑为人提供了栖居之所，却不是“安居”之处。“安居”是要让人的灵魂得到安顿。我们知道，幸福不是由你或我独占的，而是来源于相互之间的和谐关系。而现代建筑却造成了社会隔离，正如

---

① 周松波：《方圆之探——解码中西文化》，人民出版社 2010 年版，第 154 页。

“普特南说，‘社会隔离对健康的影响并不比吸烟小。’”[①]“城市并不能让人们生活得满足。在物质条件方面，城市生活优于农村。但在心理方面、社区生活方面、对社区的适应性方面，比如归属感、信任感、社区环境、安全感，等等，城市居民的得分要远远低于农村居民的。”[②]

二、传统优秀品质被消解

儒家“重德轻乐”，“德行”历来为传统中国文化所看重。儒家主张人性的善，把道德作为人之为人的本质。儒家思想认为肉体具有一些人的基本欲望，但它不是人的本质，人最本质的东西是“心”，且“心”远高于“身”。人的道德修养就在于遵循自己本性去实践，去扩充。在道德实践中，把心中原本微弱的善端、善行修养扩充和巩固。同时，儒家思想也主张“奢则不孙，俭则固。与其不孙也，宁固”。但现在享乐主义者、拜金主义者及消费主义者的贪婪和奢侈却将这些优秀的品质消解。

还有，儒家“重义轻利”。儒家倡导见利思义、义然后取，反对不义而富。提倡以义取利，利不能损害义，要求人们做到取之有道，认为不合乎礼义道德的富贵是不可取的。当义与利发生矛盾时，应坚持先义后利。而现代文化更多的是建立在利益的基础之上，人与社会的关系、人与人的关系都被纳入利益关系的大系统中。在这个系统中，人际关系变得非常简单并且直接，为了利益不惜损人利己。尽管道德和法律都要求追求自己的利益不得损害、也不侵犯他人的利益，但仍然有人往往置之不顾。

---

① 沈颢、[不丹] 卡玛尤拉主编：《国民幸福：一个国家发展的指标体系》，北京大学出版社 2011 年版，第 19 页。

② 沈颢、[不丹] 卡玛尤拉主编：《国民幸福：一个国家发展的指标体系》，北京大学出版社 2011 年版，第 38 页。

传统优秀品质被消解的根本原因是西方个人主义文化冲击中国传统集体主义文化，并且现代物质文化对现代人的心灵产生极大的诱惑。在现代社会里，个人的成功之所以令人心醉神迷，就在于成功意味着占有更多的社会资源：物质资源、文化资源和性资源，等等。随着现代化进程的不断推进，西方人已经意识到，这将形成一个恶性的循环。这个恶性循环终将破坏人自身的和谐和人与环境的和谐，使人无限度地焦虑不安，最终把人送上毁灭的不归之途。非常遗憾的是，今天有的国人却正在西方人曾经错误的道路上亦步亦趋，不顾道德修养，甘愿沦陷于物质的诱惑，最终陷入思想与物质的双重焦虑之中。

三、幸福思想异化

上文中实际上已经开始谈论幸福思想异化的问题，接下来我们将继续探讨这一主题。马克思曾提出人的异化，他说："人的类本质——无论是自然界，还是人的精神的类能力——变成对人来说是异己的本质，变成维持他的个人生存的手段。异化劳动使人自己的身体相异化，同样也使在人之外的自然界同人相异化，使他的精神本质、他的人的本质同人相异化。"①弗洛姆发展了马克思的异化思想，认为"异化已渗透在生产、生活及人的精神心理各个方面，人的内在善的潜力因为经济、政治、文化等方面的影响而无法发挥。人创造了一个前所未有的人造自然，但感觉不到自己是作为创造者存在，反而为自己所创造的机器所奴役。人与世界关系相异化，人与他人之间相互利用，缺乏信任与爱，冷漠与疏远，因而孤独不安。在人与自我关系中，人无法体验自己是主体，更多的

① 马克思、恩格斯：《马克思恩格斯选集》第1卷，人民出版社2012年版，第57—58页。

人以在市场中成功出卖自己为生活目的，丧失了尊严与自我意识，自我意识的缺乏会造成人的痛苦与深度不安”[①]。

幸福异化表现于幸福物化，其根源就在于人性的异化，人际关系的物化。其后果是人人追逐金钱利益、物质财富，把金钱、物质当成人生价值的尺度，当成人一切行为的指针。人的一切都转化为金钱或其他物质，成为“人们一切活动的唯一动机，谋利是为了活着，活着就是为了谋利”[②]。他们信奉金钱至上、金钱万能，“生为钱，死为物”。这样，本来作为手段的金钱和物质财富却成了目的，而作为人类终极目的的幸福却退居幕后。

现在人们不幸福，其实并不是财富、名誉等实际利益的丢失，只是很多人的每个细胞都浸透了经济的利益，成为经济的动物。而且现在市场经济提倡并推动人们追求物性幸福，而忽略了引导人们追求人性幸福。这种幸福思想的异化颠倒了目的和手段的关系。

四、社会存在不公平

公平，对应英语是 fairness。从字面上理解，公平就是普遍的平等。社会公平就是在一个社会共同体中人人平等。现代意义的公平是要维护或追求一种社会成员之间在利益上的相对均衡，这种均衡体现在经济利益、政治利益和文化利益各个方面。具体而言，社会公平主要包括“权利公平、机会公平、分配公平和规则公平”。权利公平意指社会成员享有相同的基本权利，这些基本权利得到社会道德和法律一视同仁的尊重和保护；机会公平，即从总体

---

① 王元明：《论弗洛姆对现代西方社会的批判》，《天津师范大学学报（社会科学版）》2006 年第 3 期。

② 江畅：《走向优雅生存》，中国社会科学出版社 2004 年版，第 186 页。

上保证每个社会成员享有大致相同的基本发展机会，如受教育的机会、相同的就业机会等；分配公平是指在分配社会资源时所体现出来的公平。规则公平是指规则本身科学合理，合乎善的标准。权利公平是起点上的公平；机会公平是过程中的公平；分配公平是结果的公平；而规则公平是形式公开。没有规则公平，权利公平和机会公平可能形同虚设；而没有权利公平和机会公平，分配公平也是空中楼阁。而从分配结果，可以更直接、更快捷地看到人们之间的平等程度。

我国正在发展社会主义市场经济，人民富裕了，但收入分配存在不公平现象，贫富差距也在进一步拉大。学者茅于轼认为，“在没有外界干预的条件下，市场是一个自发的平等参与的交换场所。但现实世界往往不那么自由平等，即使法律所赋予每个人的自由平等也难以兑现。在许多国家里真正实行的是特权，官阶愈高，特权愈多，因而造成司法执行中偏向权势者。愈是在欠发达国家，这样的问题愈严重，而且造成收入的不平等。”①我国当前的收入分配差距超越了过去 60 多年绝大多数时期，2013 年基尼系数为 0.473，高于国际警戒线。收入差距过大的一个重要原因是收入分配不公，主要表现：一是城乡收入差距一直高位徘徊；二是行业收入差距畸高；三是不同群体间收入分配不公；四是地区之间居民收入分配差距仍然过大。目前，这些问题已成为社会关注焦点。

我国城乡居民收入差距并没有随着经济、社会的不断发展而有所缓解，反而有“不减反增”的现象。城市人均年可支配收入与农村人均年纯收入之差在 2017 年是 22 964 元，2018 年是 24 634

---

① 茅于轼：《中国人的焦虑从哪里来——论财富与地位的不平等》，群言出版社 2013 年版，第 135 页。

元，2019 年是 26 338 元，2020 年是 26 703 元。（如表 4.2）

表 4.2 城乡收入差别（2017—2020 年）

单位：元

年份	城市人均年可支配收入	农村人均年纯收入	城乡收入差
2017	36 396	13 432	22 964
2018	39 251	14 617	24 634
2019	42 359	16 021	26 338
2020	43 834	17 131	26 703

资料来源：国家统计局网站。

从表 4.3 和表 4.4，我们可以看到我国各行各业就业人员的劳动报酬和工资总额在不断地增加，但是不同行业之间的劳动报酬和工资收入差距比较大的问题依然突出。在表 4.3 中，城镇不同所有制性质的单位（非私营单位与私营单位）的就业人员的平均工资差从 2017 年到 2020 年逐年扩大，如：2017 年是 28 557 元，2018 年是 32 886 元，2019 年是 36 897 元，到 2020 年增至 39 652 元。

表 4.3 城镇单位就业人员年平均工资（2017—2020 年）

单位：元

年份	非私营单位	私营单位	非私营单位与私营单位平均工资差
2017	74 318	45 761	28 557
2018	82 461	49 575	32 886
2019	90 501	53 604	36 897
2020	97 379	57 727	39 652

资料来源：国家统计局网站。

表 4.4 城镇非私营单位就业人员分行业年平均工资(2017—2020 年)

单位：元

年份	农、林、牧、渔业	住宿和餐饮业	制造业	教育	金融业	信息传输、软件和信息技术服务业
2017	36 504	45 751	64 452	83 412	122 851	133 150
2018	36 466	48 260	72 088	92 383	129 837	147 678
2019	39 340	50 346	78 147	97 681	131 405	161 352
2020	48 540	48 833	82 783	106 474	133 390	177 544

资料来源：国家统计局网站。

城镇非私营单位就业人员分行业年平均工资更是差距明显。我们从表 4.4 中选择农、林、牧、渔业与信息传输、软件和信息技术服务业两个行业之间的就业人员的平均工资进行比较，就会发现其差距很大，且也是逐年扩大。2017 年农、林、牧、渔业的就业人员平均工资是 36 504 元，但信息传输、软件和信息技术服务业的就业人员的年平均工资是 133 150 元，两行业就业人员年平均工资之差是 96 646 元，而 2018 年两行业就业人员年平均工资之差是 111 212 元，2019 年两行业就业人员年平均工资之差是 122 012 元，2020 年两行业就业人员年平均工资之差是 129 004 元。

从下表 4.5 中，我们可以看到我国中西部地区、东北地区与东部地区的居民收入差距明显。2019 年我国各区域居民人均可支配收入是沿着东部→东北→中部→西部的线路阶梯下降的，其中上海与甘肃居民人均可支配收入差距超过 50 000 元。

学者孙凤在《和谐社会和主观幸福感》一书中的调查结果显示：“对收入分配持‘有些不公平’态度的占 42.8%；认为住房政策有些不公平所占比重为 35.6%；对就业机会持‘有些不公平’态度

表 4.5　各区域居民人均可支配收入情况(2019 年)

单位：元

地　区	人均可支配收入	地区代表城市	人均可支配收入
东部地区	39 438.9	上海	69 442
中部地区	26 025.3	江西	26 262
西部地区	23 986.1	甘肃	19 139
东北地区	27 370.6	黑龙江	24 254

资料来源：国家统计局、各区域统计局网站。

的比重为 35.8%；对医疗保障持‘有些不公平’态度的比重为 36.8%；认为教育不公平的所占比重为 27.4%。”[①]就每个个体而言，不能容忍的不公平，乃是权利、机会、规则的不公平。这些不公平现象使人产生被剥夺感，从而降低人们的幸福感。

五、不安全感加剧

社会学家说：“婴儿的第一声啼哭是由于人对自己处于不安全的环境的畏惧。”事实上，人类无论在蒙昧时期，还是在高度发达的今天依然对不安全的环境感到恐惧。因此，不安全感也一直成为人类幸福的障碍。

生存竞争让人失去安全感。人们为了消除生活中的不安全感，而积极地参与各种竞争。最常用的方法是竭尽全力最大限度地获取和积攒财富。可是物质财富的增加，并未让人感到安全，反而越来越缺乏安全感。因为富人永远担心失去财富，穷人则为增加财富而不择手段。结果是两者都为了安全感而拼命追求财富，然而财富的积累使人更加没有安全感，于是再加倍积攒财富。我

① 孙凤：《和谐社会和主观幸福感》，科学出版社 2011 年版，第 135—139 页。

们已经看得非常清楚，随着经济社会的发展和社会财富的不断积累，人的不安全感反而越来越严重，越来越明显了。“这种竞争以经济为中心，辐射到所有一切活动之中，并渗透到爱情、社会关系和游戏之中。”[①]在这种激烈而残酷的竞争环境中，在越来越缺乏安全感的氛围下，人与人的关系只能变得越来越不信任，社会生活变得越来越缺乏基本的诚信。缺乏信任和诚信的竞争就呈现出彻头彻尾的破坏性，每个人都把自己的人生目标定位为想方设法让自己的对手失败，把对方挤垮，使他人降低到自己的水平以下，或者干脆踩在自己脚下。这类生存竞争让人越来越没有安全感。

食品污染让人缺乏安全感。人类对食品安全的认识经过漫长的历史过程逐渐养成一些有利于身体的饮食文化。2 000 多年前，孔子曾说：“食不厌精，脍不厌细……鱼馁而肉败，不食。色恶，不食。”（《论语·乡党》）在西方同样重视食品安全，如《旧约全书·利未记》明确禁止食用任何死畜肉。目前我们国内的食品安全问题是人民的心头之患，毒大米、地沟油、假酒、假药、劣质奶粉、病死猪肉等有毒有害的食品让人防不胜防。试问，我们如果每天处在这种食品极不安全的状态下，幸福从何而来？

环境污染使人缺乏安全感。我们面临喝不上干净的水，呼吸不到清洁空气的生态环境。我们时刻担心生态环境恶化导致患上“奇病怪疾”，提防随时可能降临的灭顶之灾。我们在追求幸福的过程中破坏环境，自然环境的报复又让我们不得安宁，我们陷入了幸福的悖论——追求幸福却未得幸福。

总之，我们过去为了追求幸福去发展经济，而经济的快速增长

① ［美］霍妮：《我们时代的神经症人格》，冯川译，贵州人民出版社 2004 年版，第 155 页。

却付出了自然资源大量消耗和生态环境恶化的代价；我们个体的物质财富迅速积累，但由于过度劳动导致健康的损害，而且竞争使人们的精神高度紧张；我们忙于追赶幸福，却不自觉地把幸福异化，忽略了亲情、友情。所以，很多人并不幸福。

第四章

幸福的现实建构

在分析了幸福、幸福观、幸福感、幸福指数以及国人幸福现状与原因等问题之后，摆在我们面前的问题是人们能否实现幸福。这是研究幸福时需要解答的终极问题，其实质就是要寻找幸福的路径。研究幸福问题，关键在于标明幸福之路，因为如果不能告诉追求幸福的人们有关幸福的地标和路牌，得到幸福仍然是偶然的幸运所致，那么对“幸福”所做的任何研究都没有一点实际价值。我们之前的一切努力都是为了实现幸福，那么如何实现幸福呢？这就需要我们构建获取幸福所必备的条件。

第一节　“幸福人”假设的可行性

古今中外，无数思想家致力于对人性进行研究，并根据自己的视角分析人与动物的区别，析出人之本质。目前，有关人性的假设有：经济人、道德人、政治人等。

一、“经济人”假设

“经济人”假设，也称为“理性人”假设或“最大化原则”，是西方经济学家关于人性的基本假设。他们认为“经济人”是理性、自私、追求自身利益最大化。早在18世纪，荷兰经济学家孟德维尔和英国经济学家亚当·斯密提出“经济人”的假设：孟德维尔以蜂群与蜜蜂之间的关系比喻社会与个人之间的关系。蜜蜂是各自只顾自己利益的自私的动物，但最后却实现了所有蜜蜂的公共利益。人类社会亦是如此，个体在追逐各自利益的同时实现了社会利益。亚当·斯密也认为人的本性是追求私利，是以利己为原则，个人利益是唯一不变的、普遍的人类动机。他在《国富论》一书中写道：

“我们每天所需要的食物和饮料，不是出自屠户、酿酒家或烙面师的恩惠，而是出自他们自利的打算。我们不说唤起他们利他心的话，而说唤起他们利己心的话。”[①]在一个由“经济人”组成的社会中，自利是得到全体社会成员认可的行为原则，每个人都考虑自己的利益而不顾他人的利益。德国政治经济学家马克斯·韦伯认为有理性的资产阶级就是“经济人”。法国经济心理学家保罗·阿尔布对“经济人”的基本特征进行了概括：“经济人行动只受个人利益的驱使；经济人只服从理性，他不会想入非非和心血来潮，‘他只想以最小的牺牲来满足自己的最大需要’；经济人是一般意义上所说的笼统的人，他消息灵通，无时无处不在；经济人生活在现在，没有过去和未来；经济人完全是孤立的和自由的，他独立于任何其他人，可以说是生活在孤岛上的鲁滨逊；经济人有三大主要的哲学来源：享乐主义、功利主义和感觉主义。”[②]“经济人”是对人的本质的一种高度抽象，排除了人在活动时的其他感情和动机以及社会、历史、文化、制度等因素的影响。“经济人”仅仅是经济活动中的一种人性假设，而非现实的人本身。

二、“道德人”假设

“道德人”的理念自古有之。儒家思想认为“人之初，性本善”“君子喻于义，小人喻于利”，人经过教化可以成为道德之人，正所谓“人皆可以为尧舜”，提倡“舍生取义”，在教育中极力培育“道德人”。

“道德人”假设与“经济人”假设相对，来源于亚当·斯密在《道

---

① ［英］亚当·斯密：《国民财富的性质和原因的研究》（上），郭大力、王亚南译，商务印书馆 1972 年版，第 14 页。

② ［法］阿尔布：《经济心理学》，符锦勇译，上海译文出版社 1992 年版，第 103—105 页。

德情操论》中塑造的“道德人”形象。他认为“道德人”有同情心、有道德情操、有利他性。亚当·斯密说：“无论人们会认为某人怎样自私，这个人的天赋中总是明显地存在着这样一些本性，这些本性使他关心别人的命运，把别人的幸福看成是自己的事情，虽然他除了看到别人幸福而感到高兴以外，一无所得。这种本性就是怜悯或同情，就是当我们看到或逼真地想象到他人的不幸遭遇时所产生的感情。”不过确实，“我们常为他人的悲哀而感伤”①。

“经济人”和“道德人”的假设反映了人性不同的两个方面，但在现实生活中既无单纯的“经济人”，也没有纯粹的“道德人”，而是两者兼而有之。“经济人”有存在的价值，因为每个人都是有生命的个体，都要维持自己的生存与发展，为此，必须进行物质资料的生产与交换。因此，马克思也说：“在任何情况下，个人总是‘从自己出发的’”，②“各个人的出发点总是他们自己”。③ 但人又是社会的人，缺少“道德人”的伦理追求，就必然导致社会秩序混乱。倘若人类完全没有道德，那么他们将与动物为伍。

三、“政治人”假设

“政治人”一词，最早由古希腊思想家亚里士多德提出来。他认为“人类自然是趋向于城邦的动物”，凡脱离城邦的人，“不是一个鄙夫，那就是一位超人”。④ “人是天生的政治动物”，具体地说，人是具有合群性、群居性、社会性的动物；人是具有利益协调能力，

---

① ［英］亚当·斯密：《道德情操论》，蒋自强、钦北愚译，商务印书馆 1997 年版，第 5 页。

② 马克思、恩格斯：《马克思恩格斯全集》第 3 卷，人民出版社 1960 年版，第 514 页。

③ 马克思、恩格斯：《马克思恩格斯选集》第 1 卷，人民出版社 2012 年版，第 199 页。

④ ［古希腊］亚里士多德：《政治学》，吴寿彭译，商务印书馆 1965 年版，第 7 页。

即"政治能力"的动物;人是具有合作精神的动物。马克思在《1857—1858年经济学手稿》中也明确地提出:"人是最名副其实的政治动物,不仅是一种合群的动物,而且是只有在社会中才能独立的动物。"20世纪美国著名政治学家拉斯韦尔和卡普兰认为:"'政治人'是这样一种人,他们要求关乎他们所有价值的权力的最大化,希望以权力决定权力,还把别人也当作提高权力地位和影响力的工具。"①

我们认为,"政治人"的假设是把人的政治属性单独抽象出来,目的旨在强调人的政治特性。正如王浦劬教授所说,"所谓'政治人',就是指处于一定的政治体系和政治关系之中,具有一定政治意识的人。"②

四、"幸福人"假设

众所周知,人的本性既包含自然属性,又包括社会属性。所以尽管"经济人"或"道德人"或"政治人"的假设都有其现实价值,但它们各自都只是体现人性的部分内容,并未完全展现人性之全貌。不论"经济人"或"道德人"还是"政治人"的假设,都只是反映了人的自然属性或者社会属性,表明了在现实生活中人类的某种具体追求,但这些具体追求之后的价值需要我们进行追溯。

前面我们阐述了人们各种具体追求归结到终极目的就是幸福。人类对幸福的追求,既体现人类的自然属性,也体现了社会属性。倘若人性的假设能体现全面的人性,它必将具有普适性,也能更好地实现人生目的。因此,我们完全可以提出"幸福人"的假设。

① Harold D. Lasswell and Abraham Kaplan. *Power and Society*, New Haven: Yale University Press, 1950, p.78.

② 王浦劬:《政治学基础》,北京大学出版社1995年版,第1页。

"幸福人"不是与"经济人""道德人""政治人"相并列，它另居更高的层次。"幸福人"和其他人性假设相比，它起到如同"宪法"在法律体系中一样的决定性作用。比如，"经济人"或"道德人"或"政治人"的现实行为不得与"幸福人"的目的追求相违背，否则追求幸福的人类就会对之进行抵触，加以排斥。"经济人"追求利益最大化、"道德人"追求道德至上、"政治人"追求权力最大化，都是为"幸福人"的幸福目的服务，也就是说幸福至上。

总之，"幸福人"假设蕴含着幸福是人类一切活动的终极目标，这也是与事实相一致的。在现实生活中，每个人都想幸福，也都追求幸福。可以说，想成为"幸福人"是每个人心中的梦。

第二节 "幸福人"的现实建构

前文中我们阐述了幸福在主、客观世界的结合处，幸福不只取决于"在我"的主观因素，还有"在他"的客观因素，是主、客观因素的综合与协调的结果。因此，仅具备幸福的主观要件或客观要件，幸福都不会降临。譬如有钱人和穷人都可能会觉得痛苦，原因就在于幸福的主观、客观要件没有达成有机统一，只是"有钱人的痛苦，不是来之于他的社会地位，而是来之于他的本身，是由于他滥用了他的社会地位……然而穷人的痛苦则是来源于环境，来源于压在他身上的严酷的命运"[①]。我们认为，要想实现幸福就要满足幸福所需的主观和客观条件。首要前提是人自身具有幸福能力，从而才有获取幸福的可能性；其次，自然和社会要具备满足人们实

① [法]卢梭：《爱弥儿》(上)，李平沤译，商务印书馆1978年版，第310—311页。

现幸福的客观条件;最后,两者的有机统一促使幸福的实现,让人们能享受幸福的好生活。因此,“幸福人”要在生活中获取真实幸福就必须具备相应的主观条件和客观条件。

我们常说人人都有追求幸福的权力,幸福不是权贵的专利,在幸福面前人人平等。人人都可以自由自在地感受幸福,享受幸福。但问题是在现实生活中并非人人能在追求幸福过程中得到幸福,有的人追求幸福并且走向了幸福的彼岸;有的人追求幸福反而远离了幸福;有的人追求幸福却陷入了绝境和深渊。原因是多方面的,关键在于追求者是否具备幸福能力。没有人能保证自己一辈子事事称心如意,但若拥有幸福能力的人,他可以使自己不至于在不幸的泥沼中越陷越深,甚至可以把不幸转化成幸福的回忆。如果欠缺幸福能力,不管人们对幸福渴望多么强烈,都极有可能出现追求幸福却越追越远的情况。因此,要想成为真正的“幸福人”,还必须具有幸福能力。

但对于何谓幸福能力,目前学界还未形成统一的意见。赵汀阳认为,幸福首先与认知能力有关。他说:“是否能够幸福很大程度上取决于是否能够敏感到幸福之所在,在这种意义上,幸福是一种能力……人不可能平白无故就快乐,也不可能随便什么事情都快乐……真正的快乐往往与亲身的探索过程有关,幸福就更是如此。”①刘次林认为幸福能力是“人的发现、创造幸福和享受幸福的能力,是人的生理幸福能力、心理幸福能力和伦理幸福能力的辩证统一”。② 檀传宝认为幸福能力是一种有关幸福实现的主体条件,“对幸福的理解,敏感、向往与追求都是一种有待于发展的主体能

---

① 赵汀阳:《论可能生活:一种关于公正和幸福的理论》,中国人民大学出版社 2004 年版,第 152—153 页。

② 刘次林:《幸福教育论》,人民教育出版社 2003 年版,第 191 页。

力。”[①]易凌云明确提出幸福是一种能力，这种能力“首先是一种欣赏的倾向（对自己、对世界），其次，幸福是一种成就能力（做人、做事），再者，幸福是一种超越能力（超越自我、对象），另外，幸福还是一种体验与心绪修养的能力”。[②] 肖冬梅认为，“幸福能力，是在基本生活需要得到满足的前提下，人在生命活动中通过感悟、认识、体验、直觉等多种方式觉察到内源性发展需要的存在后，依照生命存在之理，将内源性发展需要与外在性发展需要的满足相互结合起来，并用内源性发展需要自觉调节、控制、转化外在性发展需要，以更新生命活动方式、改变生命存在的多重世界内部以及相互之间的关系为着眼点，超越遗传因素和生活境遇的限制，进而改善生命存在方式与状态，不断实现内源性发展需要的满足，获得生命存在的某种完满体验并将其延续、拓展，不断地将生命存在推向整体完满的本领。”[③]

不管学者们如何定义，归根结底幸福能力应该有助于人们实现幸福。近代概率论的奠基人帕斯卡曾明确指出，人具有使自己幸福的能力，他说“人应该爱自己，因为他有天赋的认识真理和使自己幸福的能力”。[④] 这样，当幸福缺失时，幸福能力为人们创造幸福；当幸福躲藏时，幸福能力指引人发现（感知）幸福；当幸福出现时，幸福能力又促使人们好好享受幸福。幸福能力离不开正确的幸福观、健康的身心支持，否则幸福就是空中楼阁。因此，我们认为幸福能力应从广义上进行界定，不仅包括创造、发现和享受幸福的能力，而且还应包含正确幸福观和健康身心的支持。

---

① 檀传宝：《论教师的幸福》，《教育科学》2002 年第 9 期。

② 严标宾：《基于情绪智力背景的幸福智力研究》，华南师范大学博士研究生论文，2008 年。

③ 肖冬梅：《幸福能力及其培养》，湖南大学博士研究生论文，2012 年。

④ 孙鼎国、李中华主编：《人学大辞典》，河北人民出版社 1995 年版，第 183 页。

一、拥有正确的幸福观

“幸福人”首先要拥有正确的幸福观，能恰当地处理物质幸福与精神幸福，个人幸福与社会幸福以及幸福享受与创造的关系。

首先，物质幸福和精神幸福对“幸福人”来说，不可或缺。但正如前文所述的收入与幸福的关系一样，幸福并不是物质满足越多越好，物质幸福也应有限度。因为人的欲望是无止境的，明代的《解人颐》描述了人类欲望无止境：“终日奔波只为饥，方才一饱便思衣。衣食两般皆具足，又想娇容美貌妻。娶得美妻生下子，恨无田地少根基。买到田园多广阔，出入无船少马骑。槽头扣了骡和马，叹无官职被人欺。县丞主薄还嫌小，又要朝中挂紫衣。作了皇帝求仙术，更想登天跨鹤飞。若要世人心里足，除是南柯一梦西。”因此，一味地追求物质的满足，最后可能与幸福无缘。正如美国学者格雷戈·伊斯特布鲁克在《美国人何以如此郁闷：进步的悖论》一书中所指出：美国人现在物质上很富裕，中产阶级拥有丰裕的物质条件，但是现在很多美国人并不幸福。因为“欲望是永不能满足的：你索求的越多，越可能觉得不满足；你得到的越多，越可能为之所累”①，所以“再富有的人也永远不可能得到物质上的真正满足”②。而且因为物质幸福是消耗性的、短暂的，甚至是一次性的，而我们人类需要幸福长驻人间。因此要想成为真正的“幸福人”必须协调好物质幸福与精神幸福的关系，既要追求物质幸福，更要努力提高精神幸福，因为精神幸福具有自足性、长久性，并且还可以与人分享。

---

① ［美］伊斯特布鲁克：《美国人何以如此郁闷：进步的悖论》，喻文中、黄海燕译，中国商务出版社 2005 年版，第 128 页。

② ［美］伊斯特布鲁克：《美国人何以如此郁闷：进步的悖论》，喻文中、黄海燕译，中国商务出版社 2005 年版，第 129 页。

其次，个人在追求幸福的过程中，不能自私自利、唯利是图，不能把个人幸福凌驾于他人的幸福和社会幸福至上。任何人在法律和道德允许的范围内的幸福都是平等的，不可剥夺，相反，应该把"热爱社会、造福社会、奉献社会作为人生幸福"。[①] 当然，社会也不能以"社会幸福"的名义压制个人的发展，阻碍"个人幸福"的实现。

最后，要正确处理享乐和劳动创造的关系。幸福不仅是享受，而是享受与劳动创造的统一。劳动是"人类特有的基本的社会实践活动。人类凭借工具改造自然物，使之适合自己需要，同时改造人自身的有目的的活动"。劳动是人的生命存在和全部社会生活的基础和源泉。马克思和恩格斯曾反复论述人与劳动的关系，认为人类与动物的最大区别就在于劳动；劳动使人成为人，劳动是人生存的根本方式。恩格斯明确指出："动物仅仅利用外部自然界，简单地通过自身的存在在自然界中引起变化；而人则通过他所作出的改变来使自然界为自己的目的服务，来支配自然界。这便是人同其他动物的最终的本质的差别，而造成这一差别的又是劳动。"劳动也是人类社会联系的纽带。人与人在劳动过程中结成了各种社会关系，劳动促进了社会的形成和发展，促进了人类生活世界的产生。劳动创造是人的生命活动的本质属性，是人的生存和发展的基础。一个人的生命价值只有在劳动创造中才能得到真正的扩展，他才能体验到幸福。劳动创造尽管艰辛，但它使人充满活力与朝气。

劳动创造对人生幸福的意义就在于：让人在进取奋发中体验幸福。享受也是人生的题中应有之义，生存就是对生命的享受。人追求生存，就不会拒绝享受，但不能把享受变为享乐主义，仅追求口腹之欲、男女之欢，把享乐看得高于一切，把追求感官快乐当

---

① 符江：《打开幸福之门》，中国工人出版社 2009 年版，第 63 页。

成幸福。幸福源于创造活动，人类通过创造性的活动创造物质财富，改变客观世界的环境，并达到内心的愉悦。人类通过创造将客观存在按照主观的意志加以改变，达到主观欲望的满足，产生幸福感，并通过劳动持续不断地作用于客观环境，进而不断地达到幸福感的满足，创造更多新的幸福，并且“在造福社会、奉献社会中实现自身价值和人生幸福”①。

二、具有高尚的道德，注重修身养性

前文，我们曾论述人际关系的和谐会影响人的幸福感，而和谐的人际关系的建立在很大程度上就取决于个体的道德素养与品质。道德之人必讲诚信，而在现实生活中无论是谁都愿意接纳诚信之人，正所谓“德不孤，必有邻”（《论语·里仁》），南宋朱熹在《论语集注》中解释此句说：“德不孤立，必以类应。故有德者，必有其类从之，如居之有邻也。”还有，人们经常感到不幸福，很多情况下是因为人性的贪婪、欲望的无度，而道德之人往往能克制欲望，因为道德能“为个人克制欲望提供理性控制”②。再有，尽管拥有高尚道德的人通常不求回报，但他在造福他人和社会的过程中人生价值就得到了实现，充满成就感，从而内心感到幸福。因此，“幸福人”必定是道德之人，其在生活中信行天下，不贪图享受，乐于助人，热爱集体，有良好职业道德和社会公德，富有正义感，热爱祖国，乐于奉献社会。

养性，简而言之是指人之性情的培养，使心智本性不受损害，正所谓“性者，天生之质，正而不邪；情者，性之欲也。”

养性，要养出情趣、品味。情趣，从根本上来说，是善于发现使

① 符江：《打开幸福之门》，中国工人出版社 2009 年版，第 63 页。

② 顾智明：《道德是使人获得幸福的源泉》，《南京政治学院学报》1996 年第 2 期。

人愉快、令人高兴的事或物的心理能力。有情趣的人，善于从外部世界的事物中发现乐趣，让生活在平淡之中见神奇，增添生活的兴奋度，从而使人感觉幸福快乐。而品味，是一种格调档次，它不仅反映一个的爱好，还是检验个人精神世界的尺度，“人的品味愈高，他愈会去追求那种能给人带来更高或最高快乐或幸福的事物，或对之更容易发生兴趣；反之，人的品味愈低下，他就愈满足于低等的事物，甚至以获得这些低等的满足为快乐或幸福。”①

养性，关键是要养心，养出平和之心、和谐之心和宽容之心。首先，恬静淡泊，心态平和，“宠辱不惊，闲看庭前花开花落”，对名利得失处之泰然，能做到超出世俗利益的纠结，而对世界采取一种审美观照之态度。其次，内心和谐，做到“知、情、意”有机统一，有正确的认知、积极的情绪情感、坚强的意志品质。无论遇到多大的挫折，都能保持一种乐观的人生态度，不会让脸上失去笑容，不让生活失去色彩。最后，懂得宽容。人的胸怀应该比天空更宽阔，少一分计较与抱怨，多一分谅解与包容。倘能如此，人们就会离幸福愈来愈近。养性之人必要宽容之心，“宽容是一种看不见的幸福，幸福的生活需要宽容”②。

三、保持身心健康

何谓健康，世界卫生组织做出了回答，它认为健康就是身体、心理及社会适应的良好状态，还制定了十项健康标准：一是有充沛的精力，能从容不迫地担负日常的繁重工作；二是处事乐观，态度积极，乐于承担责任，不挑剔所要做的事情；三是善于休息，睡眠好；四是身体应变能力强，能适应外界环境的变化；五是能抵抗一

① 胡伟希：《生命的恩典：幸福与痛苦》，北京大学出版社 2012 年版，第 111 页。

② 王成全：《幸福在心》，人民邮电出版社 2009 年版，第 122 页。

般性感冒和传染病；六是体重适当，身体匀称。站立时，头、肩、臂位置协调；七是眼睛明亮，反应敏锐，眼和睑不发炎；八是牙齿清洁，无龋齿，不疼痛，牙龈颜色正常，无出血现象；九是头发有光泽，无头屑；十是肌肉丰满，皮肤富有弹性。

对于“幸福人”来说，他应当有健康的身体。我们认为健康的身体是人类幸福的基础，是自然赋予人类有可能享受幸福生活的起点。一个身体健康、精力充沛的人，不仅可以更好地发挥其各种潜能，实现人的全面发展发展，亦可以更好地感受生活、热爱生活。而对一个先天疾病患者来说，比如先天的盲聋哑人，他不仅感受到生活对他的不公，也会感受到疾患带给人类的不幸。就是后天患上某种疾病，对他的生活打击亦是一种痛苦。因为，疾病会造成肉体的痛苦和精神的创伤，从而剥夺或部分削弱了人的生活感受能力、幸福享有能力与幸福的创造能力。对关涉人们生死的疾病更是如此，可以说没有什么会比面临死亡更能使人领悟人生，也没有什么能比失去健康而更能使人感受健康对人生的意义。当一个人风烛残年、中风瘫痪，或者身患绝症、燃油殆尽，或者奄奄一息、苟延残喘时，此时无法想象他对于生命的感受是幸福的。

“幸福人”还应有良好的心态。同样境况，不同的心态，心理感受完全不同。关于心态，有这样一个能够给予我们深深启迪的故事：

> 一位年轻的美国女人塞尔玛，丈夫到沙漠腹地参加军事演习，她孤零零一个人留守在一间集装箱一样的铁皮小屋里，炎热难耐的周围只有墨西哥人与印第安人。他们不懂英语，无法进行交流。她寂寞无助，烦躁不安，于是写信给她的父母，想离开这个鬼地方。父亲的回信只写了一行字：“两个人同时从牢房的铁窗口望出去，一个人看到泥土，一个人看到繁

星。”塞尔玛开始没有读懂其中的含义，反复读几遍后才感到无比惭愧，于是决定留下来寻找“繁星”。她一改往日的消沉，积极面对人生。一念之间使她变成了另外一个人，痛苦与沉寂没有了，代之而来的是幸福和愉悦。

心态对一个人幸福非常重要。富翁可能因为攀比心态而感到不幸，穷人也许因为心态平和而感到幸福。年轻人可能由于年轻浮躁感到不幸，老年人也许洞察世事、静观云卷云舒而倍感幸福。“心态好的人，目光中充满了美丽的光泽，眼中看到的世界，心灵中装着的世界都是美好的动人的。心态不好的人，感觉不到世界的美好，也找不到美好的世界。”①

“幸福人”应该保持平常心和乐观心态，不攀比且知足。

前文我们曾说养性关键是养心。而养心最重要的是要养出平和之心。这个平和之心，实质上就是平常心，是指人们在日常生活中处理周围事情的一种坦然淡定的心态。我们认为，评价人是否保有平常心态，关键是看他对生活、事物的态度。平常心态要求人们对待事物时，能尊重客观事实，尊重规则和规律，接受一切符合规律的好的或不利的结果；要求人们对待生活时，能做到不以物喜，不以己悲，淡泊名利，静对得失，笑对荣辱，并甘享生活的平静。只要当人们能保持平常的心态，乐观处世，淡泊明志，他才会真正得到幸福。正如有诗云：“春有百花秋有月，夏有凉风冬有雪，若无闲事挂心头，便是人间好时节。”保持好心态，才能吃嘛嘛香；保持乐观心态，人生才是乐观的。倘若心里悲观、消极，那就会陷入心的囚笼。

攀比之心也影响人们的幸福感。社会比较理论认为，喜欢进

---

① 孔刃非：《幸福学》，线装书局 2010 年版，第 51 页。

行人际比较是一种普遍存在的大众心理现象。平时，我们常常见到大家都会自觉或不自觉地想要了解自己的地位、能力、水平，而获取的途径往往是通过与他人进行比较。因为只有进行比较，人们才能对自己做出客观的评价，正所谓“以人为镜，可以知得失”。人们正是通过社会比较才清楚地了解自己和他人，找出“人我”之间的差距，“知己之长，晓己之短”，进而明确自己前进的方向。并且每个人都会在比较中进行自我定位，不断调整自己。因此，比较是人类生活中的一个基本组成部分。

但由于人类天生的缺陷，在比较中常常是既期盼得出正确的自我评价，又偏好“虚好”的自我评价，而且为了获取“虚好”的自我评价，人们习惯于与他人攀比。攀比者往往按照自己设定的主观标准进行比较，喜欢有意无意地向上进行比较，而很少全面通盘考虑自己的实际情况。这种不顾实际情况的攀比，往往是越比越气。正如与爱因斯坦比智慧、和比尔·盖茨比财富、同美国前总统奥巴马比权力，有几人能有好心情，攀比得到的结果只能是越比越失落。因此，为了使正常的比较不变成攀比，影响自我的幸福感，我们应该进行科学合理对比：经常进行相似比较和自我纵向比较，向上或向下比较要因事适宜，如雷锋同志所言，“在工作上，要向积极性最高的同志学习，在生活上向水平最低的同志看齐”。

攀比，其实是一种不成熟的心理状态，是缺乏独立人格的表现。攀比会让人们偏离最初的方向，让我们失去理智。攀比会让人们远离快乐。因为他们根本没有时间快乐，周围的一切人和事都在变，他们必须不停地催促自己要跟上，不停地告诉自己要强过、胜过别人。生活中，有攀比之心的人大部分时间都在和别人较劲，每天生活装上发条，闹钟时刻提醒，不让自己有片刻松懈。因此，想要幸福，需要放弃攀比，为自己而活，这样才能生活得更快乐，生命也更有质量。

俗话说:“知足常乐。”一个人只有知足,内心才会变得富足,内心富足才能快乐。知足是一种豁达的心境和理性的人生态度。在日常生活中,知足与贪婪是以对立面的状态存在的。一个贪婪的人往往目光如豆,追逐蝇头小利,看不见人生的大方向,停留在一个又一个欲望的满足中,势必陷入痛苦之中。所以说“罪莫大于可欲,祸莫大于不知足,咎莫大于欲得”。如果人不能对现在的一切感到满足,那么即使让他拥有全世界,他也不会幸福。美国康奈尔大学研究组调查了1992年巴塞罗那奥运会时取得银牌和铜牌的选手们的幸福度。用电视转播看选手们的表情,以此调查了情感状态。比赛结束的瞬间,取得银牌的选手的幸福度是满分10分中的4.8分。相反,获得铜牌的选手则是7.1分。也就是说第3名比第2名幸福。在颁奖典礼上,铜牌获得者的幸福指数是5.7分,也比银牌获得者的4.3分要高。

知道满足的人永远是快乐的。因为他会从纷扰的世事中自我解放,不为名所累,不为利所羁,心静志远,不抱怨。知足常乐是让我们满足于当下所有的,但不是让我们止步不前,而是要求我们要有适可而止的精神,它并不是不思进取,而是对现有收获的充分珍惜,对目前成果的充分享受,为今后的创新提供平台。因为,事事争先并不代表着快乐与幸福。因此,人们应知足常乐,乐己所乐,心怀感激之情去拥抱生活。

总之,幸福其实不在于你得到了多少,失去了多少,它最后归结于一种心态,一种用心去经营的信念。所以,有人说幸福是从心开始的。用心去倾听,于是在匆忙的旅途中,偶尔也会停下脚步,感悟一下内心所想,让幸福有一个酝酿的过程,幸福才会变得更加温暖和可靠。当我们不再与周围的人攀比,骄躁的心也会沉静下来,有时间和有心情去欣赏周围的美丽。放下攀比心,保有知足之心,“我们会更容易满足于自己的生活,而不是总嫌自己没有别人生活得好。我们的生活压力会减小很多，心情轻松了，内心自然会感到快乐。我们会更容易对所拥有的一切感到满足，幸福指数就会大大提高。”①

四、具有幸福的感知能力和创造能力

人应当培养幸福能力。幸福与否，人的幸福能力起着关键的作用。但我们每一个人刚来到这个世界，能力还处于未发展的幼小阶段。每个人的心智发展都需要得到培养，内在的能力需要得到发展。幸福需要能力才能体会得到。譬如，同样一支乐曲，有人视为天籁，如余音绕梁，三日不绝；有人视为噪声，恨不能塞耳闭听。所以，这就需要塑造自己的心灵，让内心祥和畅达，以此观照世界，世间必充满光明。

幸福的能力主要还是基于人们后天的培养和努力。事实上，只要不断探索和提高幸福感知能力和创造能力，并不断去实践，幸福就离我们越来越近。当然，幸福能力蕴含很多的人生智慧，它比单纯某方面的能力更为广泛和深刻，它是人洞察宇宙和社会人生的自觉和自由的体现。在发挥幸福能力的情况下，人创造出物质财富、思想体系，但最重要的是创造了人自己。人们在改造世界的创造性活动中实现了对人自身的改造，这一过程克服了异化现象，发展了自身的各种潜能，成为充分实现自我的人，在更高的层次，而不是以被动的方式找到与自然、他人以及自我的和谐。

第一，幸福感知能力。幸福是一种心理感受和情绪体验，因此，幸福与否个体感知幸福的能力起着很重要的作用。感知幸福的能力是指以敏锐之心觉察幸福的能力。个体感知幸福的能力是

① 高榕璠编著：《每天幸福一点点大全集》，中国华侨出版社 2012 年版，第 118—119 页。

不同的。相同的境遇，有的人可能感到幸福，而有的人也许感到不幸。

现代人的生活节奏很快，而快速的生活节奏似乎使很多人的幸福感知能力变得迟钝。结果是由于人们缺乏幸福的感知能力，从而“身在福中不知福”。我们知道，幸福根本不是具体之物，但它融于细微的生活之中，融于人们生活的点点滴滴。因此，只要人们自己善于发现，幸福无处不在；只要你有一颗敏锐的心，幸福就会悄然而至。当前，很多人受功利主义、拜金主义、消费主义和享乐主义的影响，从而未能在生活中得到幸福，其实就是由于幸福感知能力的缺陷所致。

良好的感受幸福能力，需要能正确地认识和接纳自我，了解现实，发现幸福。首先，要正确认识自我，“追求幸福的最重要的任务就是认识自己”①。其次，能正确认识现实，接受现实，不是逃避现实，对生活心怀感激。此外，幸福感知能力还与兴趣、爱好有着不可分割的联系。比如书画可以陶冶情操，音乐可以美化心灵，文学能让人感受不同的人生，舞蹈更可以强健体魄。

培养幸福感受能力的途径有：一是培养感恩的情怀。人只要懂得感恩，就会懂得珍惜，重视自己的所得，并会努力从所得中发掘最大的喜悦和满足，多想已之所得，不想自己之未得，这样就没有理由感到不幸福；二是学会感受生活。人生苦短，其中大多数时间又被种种烦恼所充塞。但那些美好的人或事，正如夜空中的星星，使天空更美丽也更真实。在人生的旅途上，只顾低头拉车不可取，还要放眼看风景，让旅程充满由衷的喜悦和会心的微笑。我们一生不仅要生活一辈子，而且要更有乐趣地生活；不仅要拥有生存的世界，还要拥有诗情画意的世界；学会将工作与生活分清。工作

---

① ［德］克莱因：《幸福之源》，方霞译，中信出版社 2007 年版，第 221 页。

只是生活的一部分，我们不应该将工作的不快乐带入生活，而要以积极乐观的生活态度投入到工作中；三是学会与人同乐。一个人要幸福，就要有良好的人际关系。人际关系好，你会感到生活的乐趣和人情的温馨，你就会产生愉悦之感，你的“幸福指数”就会大大提升。要与人为善，从帮助他人的行为中体会到自己的价值，感到自己的重要性让人体会到幸福；要多体会人生的美好。

第二，创造幸福的能力。幸福不是某种具体的物件，人们根本无法使用某种机器或利用某种技术，通过我们人所具有的技能直接制造出来，以供人们享用。我们通常所说的创造幸福，实质上是创造出幸福生成所要具备的要件。同样，创造幸福的能力就是个体所能创造幸福所需要件的潜能，它最主要体现在创造性的实践中。

众所周知，创造是人类的天性。创造也是人们获得幸福的恒久动力和不竭源泉。如果说感知幸福的能力决定了幸福数量的多少，那么创造幸福的能力则决定了幸福质量的高低。我们认为每个人都可以创造属于自己的幸福。创造幸福的能力就是创造好生活的能力，包括创造好的精神生活和好的物质生活的能力。创造幸福的能力来源于创造活动。追求爱情的人，才可能得到爱情，注重友情的人，才有知己朋友，关顾家庭的人，就会得到家庭的温暖。总之，努力去创造幸福的人，才能获取幸福。

对于创造活动，很多人一般会认为它是科学家、发明家的“专利”，似乎普通人无法触及，但实际上，每个人都可以从事创造性的活动，而且人们生活、工作等各个方面都可以有所创造。如小孩发明游戏，主妇调制美味佳肴，教师创新教学方法，科学家发展机器，等等，所有这些活动都是创造性活动。创造是无止境的，人类的幸福也没有终点。人的幸福的实现是一个不断发展、不断创造的过程。有意义的生命必须具有创造性，否则人的存在目的不可能被实现。幸福来自创造性的生活，那种重复性的活动只是生存，只是一个自然的过程，根本无所谓幸福还是不幸。

创造幸福能力获取的关键在于培养人们的劳动能力。劳动是幸福的源泉，人是在劳动中获得自由而全面发展的。首先，劳动是人的本质力量的体现，人在劳动过程中释放自身的潜能，体验着自身的存在。人通过劳动不断改造客观世界和主观世界，满足了自己的需要，产生了进一步追求幸福的动力。其次，劳动创造出来的物质和精神文化成果使有限生命获得了无限的价值，使人的生命得以延伸。再次，创造幸福必须在活动中体现出自我创造性。人不能安于生物的被动状态，顺从环境的压迫，人需要做一个超越生物状态的"创造者"，脱离生存的被动性和偶然性，以一个主动者的姿态进入自由和自觉的王国。创造性活动也是人实现其个性的最重要途径，人获得幸福、体验幸福、扩展幸福的能力，从本质上来说，都是人的自我创造性能力，是人的创造性在情绪情感、外在活动、思想观念等方面的反映，只有在创造性活动中，人们才可以获得幸福。

第三节　幸福社会的现实建构

"幸福人"要想在现实生活中实现幸福，它还必须生活在幸福社会之中。因为仅凭个人的能力经常无法逃离疾病、自然灾害等因素的影响，也躲避不了暴力、动乱等人祸的侵扰。在追求幸福的道路上，人们经常惧怕的就是天灾人祸的突然降临，因为它会瞬间撕碎个人和家庭的幸福，使个体和家庭曾经的美好转瞬即逝，突发的自然灾害或暴力事件就是明证。可以说，个人和家庭在这些天灾人祸面前是无能为力的，而要减少天灾的发生，避免人祸的不幸，人们只有寄希望生活在幸福社会之中，这就需要构建幸福社会。

幸福社会是人们理想的生活空间。有学者从人的身心健康、人自身的全面发展、人与人及人与自然的关系等方面阐述幸福社会，认为："幸福社会至少应该这样六个因素逻辑结构而成。其一，幸福社会里个人身体健康、心情舒畅，即身心健康快乐。这是人类的共识。其二，幸福社会里每个有劳动能力做事的人都有事做，自力更生，衣、食、住、行、用等都能自给，还能帮助无能力做事的人生活生存，务实事为乐。其三，幸福社会里男女自由恋爱，夫妻关系亲爱亲密，子女上进，尊老爱幼，家庭和睦。其四，幸福社会里人与人关系和谐友善，和平有序，诚信安宁。其五，幸福社会里人与自然界关系协调，生态平衡，发展可持续。其六，幸福社会里个人能够自由全面发展。"①但我们认为幸福社会应该是人们生活幸福的客观条件，而且在幸福社会里应该保障人们身心健康，但是我们不能说"身心健康"是幸福社会的构成要素。前文我们阐述了"身心健康"应该是"幸福人"的构成要件。

构建幸福社会是一个国家和社会发展以及追求人民幸福的必然路径。近年来，世界各国都在探索建立幸福社会，我国也同样在进行这项工作。2007 年宁夏回族自治区就提出了"幸福宁夏"的口号，2011 年广东省委提出建设幸福广东，2012 年湖北省提出建设幸福湖北，到现在已有街道提出幸福街区和居委会提出建设幸福社区。以上幸福生活空间的构建都有一系列的客观指标作为度量标准。如，湖北省在编制幸福指数统计指标体系时将影响幸福

① 许春玲、周树智主编：《城市社会转型与幸福感变迁》，社会科学文献出版社 2013 年版，第 371 页。

社会的要素归结为“健康状况、经济状况、家庭状况、职业状况、社会保障、文化教育、环境条件”等七个方面。2010年广东省统计局发布的“2010年建设幸福广东综合评价报告”首次公布广东省21个地级市建设“幸福广东”的水平指数、发展指数和综合指数。学者邢占军从2009年开始承担国家统计局的一个项目，他在项目中把构成幸福的客观指标分为“健康与基本生存福利、经济福利、政治福利、社会福利、文化福利、环境福利”等内容。

我们主张幸福社会应有符合人性的制度保障和优良的社会和生态环境，使得置身其中人之本性及潜能得到充分发展，具体包括经济繁荣且可持续发展、政治民主、社会和谐、文化健康和生态文明，这也是我们构建幸福社会的目标。

一、幸福社会的建构者

中国共产党是幸福社会的构建者。中国共产党自成立之日起就致力于建设幸福社会，实现人民幸福。可以说，中国共产党百年的艰苦奋斗，就是建构幸福社会的实践过程。

（一）实现人民幸福是党的宗旨与使命

党的宗旨是任何政党所有行动的根本出发点。党的宗旨由党的性质所决定。资产阶级政党的宗旨必然是维护资产阶级的利益，这是由其政党“利资”本性所决定。尽管资产阶级政党在获得政权组成政府后也会为了取悦民心和获取民众的选票而提供一定惠民服务，但其“利资”的本质是不会改变的。而“中国共产党是工人阶级的先锋队，同时是中国人民和中华民族的先锋队，是中国特色社会主义事业的领导核心。”① 中国共产党的性质决定其宗

① 本书编委会：《中国共产党历次党章汇编（1921—2012）》，中国方正出版社2012年版，第1页。

旨——全心全意为人民服务。《中国共产党章程》明确规定:“中国共产党党员必须全心全意为人民服务,不惜牺牲个人的一切,为实现共产主义奋斗终身。”[①]

中国共产党的“为人民服务”宗旨又决定我们党的使命就是始终代表中国最广大人民的根本利益,我们党员必须秉持立党为公的理想信念,我们党必须坚持执政为民的理想与实践。因此,中国共产党自始至终都要维护人民的利益,做到“以人为本”“以民为本”“以人民的幸福为本”,切实地实现好、维护好和发展好人民群众的根本利益。

毛泽东在陕北延安时曾说:“我们走到哪里,都要牢记为民兴利除弊,我们共产党的干部战士,就是为人民造福的。”[②]习近平总书记在十八届中央政治局常委与中外记者见面时说:“我们的人民热爱生活,期盼有更好的教育、更稳定的工作、更满意的收入、更可靠的社会保障、更高水平的医疗卫生、工作得更好、生活得更好。人民对美好生活的向往,就是我们奋斗的目标。”在庆祝中国共产党成立100周年大会上的讲话中,习近平总书记指出:“中国共产党一经诞生,就把为中国人民谋幸福、为中华民族谋复兴确立为自己的初心使命。”这些都表明实现人民幸福是中国共产党的宗旨和使命。

（二）党百年的艰苦奋斗,是建构幸福社会的实践过程

前文我们曾说,“幸福不会静止不变,相反,它是经常变动的”。同样,幸福社会的构建也应该是动态变化的。我们知道幸福是人类的终极目的,那么作为人民的政党——中国共产党,她理所当然地要为人民幸福的实现准备各种客观条件,这就需要建构幸福

① 本书编委会:《中国共产党历次党章汇编(1921—2012)》,中国方正出版社2012年版,第1页。

② 毛泽东:《毛泽东选集》第3卷,人民出版社1991年版,第1004页。

社会。

中国共产党百年的艰苦奋斗，就是中国共产党为了人民幸福而前仆后继、英勇奋斗的历史。中国共产党一经诞生，就带领中国人民向幸福进发，而后使中国的面貌焕然一新。首先，党领导中国各族人民经过28年的艰苦奋斗，推翻了“三座大山”的反动统治，取得了新民主主义革命的胜利，建立了中华人民共和国，建立了人民民主专政的政权。在这个新政权中，人民当家作主，这就为人民幸福奠定了政治基础。中华人民共和国成立之初，党领导各族人民用了3年时间，治愈了战争的创伤，把国民经济恢复到较高水平。随后，建立了社会主义经济制度，又为人民幸福提供了经济制度的保障。但中国共产党为了实现人民的幸福，建构幸福社会的实践也不是一帆风顺，探索道路上的曲折也给中国共产党以深刻的教训，并给他们的探索实践敲响了警钟。因此，为了让人民过上富裕、公平、公正、和谐、民主、文明的幸福生活，党以极大的政治勇气领导人民实行了改革开放，开创了中国特色社会主义事业。经过40多年的改革开放，中国经济飞速发展，人民的物质生活日益改善，人民的生活水平显著提高。当前，中国共产党为了满足人民期待生活更加幸福的愿望，继续深化重要领域的改革，抓住历史机遇，创造幸福社会。习近平在2013年1月1日全国政协茶话会上也指出：“中国特色社会主义事业是造福人民的美好事业，也是我们需要为之付出智慧和力量的艰辛事业。”所以说，我们认为中国共产党百年的艰苦奋斗就是不断提高人民生活、增进人民福祉、不断建构幸福社会的实践过程。

而且，在建构幸福社会的实践过程中，中国共产党找到了一条通往幸福社会之路——走中国特色社会主义道路。具体地说，就是“在中国共产党的领导下，立足国情，以经济建设为中心，坚持四项基本原则，坚持改革开放，解放和发展生产力，建设社会主义市场经济、社会主义民主政治、社会主义先进文化、社会主义和谐社会、社会主义生态文明,促进人的全面发展,逐步实现全体人民共同富裕,建设富强、民主、文明、和谐的社会主义现代化国家。"①这条道路是创造人民美好生活即幸福生活的必由之路。正如党的十八大报告所说:"实践充分证明,中国特色社会主义是当代中国发展进步的根本方向,只有中国特色社会主义才能发展中国。"②

(三)建设和谐社会是建构幸福社会的重要前提

从历史发展来说,人类社会是一个不断从低级向高级发展的历史过程。从人类追求来说,人类一直祈求建立平等、互助、协调、和谐的社会。可以说,人类对和谐社会的探索源远流长。我国古代曾有大同社会、小康社会、太平之世的构想,还有公羊的"三世说"等,近代思想家和革命家也有主张建立和谐社会。西方思想家也提出了自己的和谐社会构想。柏拉图构想的"理想国",理想国中各等级的人各安其位,各尽所能,各取其酬。空想社会主义者也构想出"乌托邦""太阳城""法郎吉",并且英国空想社会主义者欧文还进行了"新和谐社会"的实践。马克思曾设想了"自由人联合体"的未来的和谐社会模式,在《共产党宣言》中明确指出:"代替那存在着阶级和阶级对立的资产阶级旧社会的,将是这样一个联合体,在那里,每个人的自由发展是一切人的自由发展的条件。"③我国现在所进行的和谐社会建设,主要是依据党的十六届四中全会通过的《中共中央关于党的执政能力建设的决定》中关于"和谐社

---

① 廖晓文主编:《盛世开泰:中国共产党第十八次全国代表大会》,河北出版传媒集团河北人民出版社,第24页。

② 廖晓文主编:《盛世开泰:中国共产党第十八次全国代表大会》,河北出版传媒集团河北人民出版社,第19页。

③ 马克思、恩格斯:《马克思恩格斯文集》第2卷,人民出版社2009年版,第53页。

会”的论述和十六届六中全会提出的“民主法治、公平正义、诚信友爱、充满活力、安定有序、人与自然和谐相处”的总要求进行建构。

建设和谐社会就要保证社会的相对公平，而共同富裕最能体现社会分配公正。正如邓小平所说：“社会主义不是少数人富起来，多数人穷，不是那个样子，社会主义最大的优越性就是共同富裕，这是体现社会主义本质的一个东西。如果搞两极分化，情况就不同了，民族矛盾、区域间矛盾、阶级矛盾都会发生，相应的中央和地方的矛盾也会发生，就可能出乱子。”[①]邓小平还说：“社会主义的财富属于人民，社会主义的致富是全民共同致富的社会主义原则，第一是发展生产，第二是共同富裕。我们允许一部分人先好起来，一部分地区先好起来，目的是更快地实现共同富裕。”[②]共同富裕的根本目的与中国共产党一直秉承全心全意为人民服务的宗旨密不可分。因为中国共产党一心为人民谋幸福，并且探索出一条中国特色的社会主义道路。而社会主义社会绝不是少数人的幸福，而多数人不幸福，它应该是人民的共同富裕和普遍幸福。

社会和谐是中国特色社会主义的本质属性，也是国家富强、民族振兴、人民幸福的重要保证。正如党的十七大报告所说：“社会建设与人民幸福安康息息相关，必须在经济发展的基础上，更加注重社会建设，着力保障和改善民生，推进社会体制改革，扩大公共服务，完善社会管理，促进社会公平正义，努力使全体人民学有所教，劳有所得，病有所医，老有所养，住有所居，推动建设和谐社会。”[③]党的十八大报告指出：“必须从维护最广大人民根本利益的高度，加快健全基本公共服务体系，加强和创新社会管理，推动社

① 邓小平：《邓小平文选》第 3 卷，人民出版社 1993 年版，第 364 页。

② 邓小平：《邓小平文选》第 3 卷，人民出版社 1993 年版，第 172 页。

③ 刘大胜主编：《科学发展：中国共产党第十八次全国代表大会》，河北人民出版社，第 38 页。

会主义和谐社会建设”“加强社会建设，必须以保障和改善民生为重点，提高人民物质文化生活水平，这是改革开放和社会主义现代化建设的根本目的”，并强调“努力让人民过上更好的生活”[①]。可见，党领导全国各族人民追求共建、共享的和谐社会之价值目标是希望全国各族人民都能过上更加美好的幸福生活。我国当前所进行的和谐社会建设目的是实现人民幸福。据此，我们可以推定和谐社会是建构幸福社会的重要前提。

（四）马克思主义中国化理论是建构幸福社会的指针

马克思列宁主义、毛泽东思想、邓小平理论、“三个代表”重要思想、科学发展观和习近平新时代中国特色社会主义思想是党构建幸福社会的指导思想，其中习近平新时代中国特色社会主义思想是中国特色社会主义理论体系的最新成果，它与邓小平理论、“三个代表”重要思想、科学发展观既一脉相承又与时俱进，它是马克思主义中国化的最新成果，开辟了当代中国马克思主义发展的新境界。

习近平新时代中国特色社会主义思想阐明我国社会主要矛盾已经转化为人民日益增长的美好生活需要和不平衡不充分的发展之间的矛盾，强调的核心理念是始终坚持人民主体地位，坚持以人民为中心，全心全意为人民服务，把人民对美好生活的向往和人的全面发展作为奋斗目标，明确统筹推进“五位一体”总体布局。

坚持以人民为中心就要把人的自由全面发展作为党的一切工作的重要价值目标，把“人民满意与否、拥护与否、答应与否、幸福与否”作为评价党在建构幸福社会方面利弊得失的根本依据和最

① 廖晓文主编：《盛世开泰：中国共产党第十八次全国代表大会》，河北出版传媒集团河北人民出版社 2012 年版，第 37 页。

高尺度，始终把“实现人民的愿望、满足人民的需要、维护人民的利益”[①]作为党和国家一切工作的出发点和落脚点，同时，保障人民各项权益，不断实现发展成果由人民共享、促进人的全面发展，建成富强、民主、文明、和谐、美丽的社会主义现代化国家，实现中华民族的伟大复兴，使人民过上更加幸福美好的生活。

“五位一体”总体布局是立足于人民利益、人民的幸福，其中经济建设是根本，政治建设是保证，文化建设是灵魂，社会建设是条件，生态文明建设是基础。在总体布局的变化中，人民群众感受到生活更加幸福，对未来期待的信心更加坚定。从全面建设小康社会到全面建成小康社会，从国内生产总值翻番到城乡居民人均收入翻番，“发展成果由人民共享”得到了充分体现。人民享有的不仅是衣食住行等基本生活水平的提高，还伴随着质量的提升，而且随着总体布局的持续推进，人民群众将获得更好的教育、更稳定的工作、更满意的收入、更可靠的社会保障、更高水平的医疗卫生服务、更舒适的居住条件、更优美的环境，人与自然将和谐共处，人民在国家政治生活中的话语权保障也更加完善。

只有坚持马克思主义中国化理论作为建构幸福社会的指针，才既能通过加快转变经济发展方式为构建幸福社会提供经济保障，又能通过不断深化体制改革为幸福社会的构建提供制度保障，也能更好地解决当前中国经济社会发展的诸多困境与难题，从而最终建成幸福社会。

二、幸福社会建构的目标

幸福社会的目标应该取决于人们生活在怎样的社会中才会感觉到幸福来确定。而幸福社会影响人的幸福主要体现于为保

---

① 李培林：《和谐社会十讲》，中华书局 2009 年版，第 31—32 页。

障人的幸福准备客观条件。前文我们曾阐述了幸福的客观要件包括政治、经济、文化、社会和生态等五个方面，它们与人们的幸福感的密切关系。所以，我们主张确定幸福社会建构的目标应该从这五个方面进行考虑，即幸福社会的目标应该是政治民主，经济繁荣且可持续发展，法制健全，文化健康，社会和谐、秩序稳定，环境生态。

（一）政治民主

政治民主是指建立在一定经济基础之上，为了维护公民权益，保障公民权利得到平等保护而建立的政治形式。政治民主以改善民生为目标，以实现民生幸福、人民福祉为最高准则。在政治民主国家，“全体公民广泛分享参与决策的机会，就是对政府权力的制约和对政府决策过程的控制。”①人们在国家政治生活中当家作主，生活得有尊严。

政治民主坚持民主原则，建立民主的决策机制、执行机制和监督评估机制，人民群众有广泛的知情权、政治参与权、民主选择权和监督权，社会意志是人民意志的集中体现，管理机构作为人民意志的代表，完全按照人民的意愿从事政治活动，并通过政治民主所确立的制度和程序对公共权力的运行和使用进行监督和控制，保证公共权力始终为实现人民的幸福服务，防止和纠正由于政策失误给人们幸福带来灾难性的影响。使发展民主成为改善民生的制度保障，从而为实现民生幸福提供环境支持和制度保障，实现人的幸福，必须保障其参与公共生活的管理，保障其各项权利，实现其各种权益。

政治民主最终使个体真正成为自己的主人，在这个社会中个体充分发展和尽情发挥其自身的个性，不断追求幸福的新境界。

---

① 俞可平：《民主与陀螺》，北京大学出版社2006年版，第23页。

（二）经济繁荣且可持续发展

经济繁荣是幸福社会的应有之义。人类要生存必须满足其物质生活，而幸福社会则是人们的物质生活必须得到极高程度的满足。因此，如果没有经济的繁荣，没有高度发达的物质基础，满足不了人们丰富的物质生活需求，幸福社会的构建就是无源之水、无本之木。但是单纯的经济繁荣无法保障人们恒久的幸福。过去有些人错误地把幸福 GDP 化，甚至把 GDP 作为幸福的代名词。现在明白 GDP 不是为了衡量幸福而设立的指标，它是衡量市场生产，衡量国家经济财富的指标。对国家和社会而言，必须明白其发展是为了什么，不能盲目地为发展而发展。因为我们发展的最终目的是为了人的幸福。我们每个人都期望顺利出生，幸福地生活以及安详地死去。因此幸福社会的经济除了繁荣之外，它还应该保持其能够可持续发展。

经济的发展，离不开资源的支撑。资源从总体上可分为"不可再生资源和可再生资源两大类：不可再生资源（即可耗竭资源）是不能运用自然力增加储藏量的自然资源。或者说，不可再生资源的总存量是固定的，不具备自我繁殖能力；可再生资源是指在一定时间内可以再生的资源。或者说，可再生资源是其存量可以持续地补充的资源"[①]。若为了目前的经济繁荣，大量地开发相对有限的自然资源，造成限量资源过度开发和枯竭以及可再生资源失去再生能力，那就经济发展终极不能持续。最后，人们将失去幸福生活的物质基础，幸福社会从此不复存在。

（三）法制健全

法制维护社会的有序运行，是社会稳定有效的规范机制。健

① 张涛：《经济可持续发展要素分析》，中国社会科学院研究生院博士研究生论文，2001 年。

全的法制能给社会正常秩序提供有力的保障，社会的稳定就是依靠健全的法律制度来支撑的。在法治社会中，每个人生而平等，具有生命、自由、追求幸福等不可剥夺的权利，同时每一个人的自由和权利又不能损害其他人的自由和权利。美国学者弗里德里希·沃特金斯(Frederich Watkins)有句名言："法律之下的自由，是人类所应享受生存的环境。"[①]在这种环境下，人的个性能充分发展和人的潜能有尽情发挥的空间。法治能保障我们有尊严、幸福的生活，并有利于所有人的幸福的增进。法制直接影响人们的社会福利与幸福生活，是社会幸福最可靠的手段。

幸福社会需要良法的施行，需要法律的健全与完善。一个幸福的社会必然是一个法制健全的社会。在法治社会，每一个人的权利得到有效的保护，每一个公民的人格得以尊重，每个人幸福都是作为法律的终极价值。法律不仅是国家治国安邦的利器，更是人民幸福的有力保障。法治是幸福的保障，是人们幸福的手段，是幸福的必要条件，也是幸福的充分条件。要让民众感到幸福，关键是做好民生工作，但民生工作离不开法治建设。

首先，制定良法。历史上人类制定了无数的法律，但并非人类制定的每一部法律都一定是良法，有很多是恶法。譬如，我国封建社会的"株连九族"也是法律明文规定的。因此，倘若在社会还有恶法通行，它不仅不利于保障和促进幸福，反而定会损害幸福。

其次，良法得以施行。法律的生命在于实施，如果一部好的法律能得到很好的实施，那么将会逐渐塑造良性的社会环境。任何破坏法律准则，无视法治尊严的行为必然要受到法律制裁。法治得以张扬，正义得到维护，权利得到保障，就能增进人之幸福。

---

① ［美］弗里德里希·沃特金斯：《西方政治传统——现代自由主义发展研究》，黄辉、杨建译，吉林人民出版社 2001 年版，第 1 页。

总之,民主法治有助于提升和保障人们的幸福。只有法治才能保障我们尊严、幸福的生活;法治是有利于所有人的幸福的增进。历史和实践也一再表明,在法治中,以幸福为宗旨,以幸福为归宿,以幸福为标准,才能体现人之尊严和价值的可贵。

(四)文化健康

幸福社会不能停留在生存层次,仅仅满足人吃饱喝好,它要满足人在这个社会发展,包括物质的发展和精神的发展。物质的发展,我们发展经济就可以使之得到解决,而精神的发展则需要健康的文化。党的十八大报告着重强调:"文化是民族的血脉,是人民的精神家园"[①],其实它更是实现幸福民生的精神支柱。文化是构建幸福体系的重要思想保障,是精神动力和精神支撑。它使得人们更好地理解幸福的概念和内涵,清除人们头脑中错误的幸福观念,指引正确的幸福之路。

在幸福社会,文化生活将成为人们生活的必要部分。因为随着社会的发展,科技的进步以及文明的进步和繁荣,随着人们闲暇时间的增多,文化生活在人的生活中的地位与日俱增。文化生活对于身心健康、个性发展、人生境界都具有极其重要的意义,直接关系到人生存的质量。幸福与人的精神信仰、思想状况、道德风貌等息息相关。幸福社会应关注文化民生和人的文化权益,在民生中注入文化气息,进而疏导人、陶冶人、丰富人、发展人,不断满足人们的精神文化诉求。可以说,没有健康的文化就不会有真正的幸福。健康的文化,有助于人们幸福感的提升,有益于道德水平的提高,有利于社会风气的净化,从而形成良好的社会氛围。反过来,良好的社会氛围又为"实现幸福"创造良好的社会环境。因此,

---

① 廖晓文主编:《盛世开泰:中国共产党第十八次全国代表大会》,河北出版传媒集团河北人民出版社 2012 年版,第 35 页。

在幸福体系的构建中，幸福文化可以说是一种不可或缺的精神支撑。

（五）社会和谐、秩序稳定

社会和谐至少应该包括稳定有序、公平正义等构成要素。社会稳定，是社会安全的保障。没有社会稳定，就没有社会安全；没有社会安全，就没有人们的幸福。2012 年联合国发布了首份《全球幸福指数报告》，其中写道："丹麦成为全球最幸福的国家，最不幸福国家集中在受贫穷和战火洗礼的非洲国家。"一个动荡不定的国家，没有幸福可言。因为如果社会不稳定，人们获得的物质财富可能朝夕不保，这样物质幸福将不复存在。还有，如果社会动荡不安，人们的性命堪忧，"活着"成为人生的唯一目的，奢谈幸福也没有任何意义。因此，只有社会稳定，人们才能安居乐业，人们才有幸福感。

公平正义关涉人们是否生活得幸福和有尊严。公平有个人层面的，也有社会层面的。社会层面的公平主要指公平的主体是社会群体，社会公平要求所有社会价值（主要是社会资源或利益）在各个社会群体之间进行合乎公平的分配，如罗尔斯所说："所有社会价值……都要平等地分配，除非对其中的一种价值或所有价值的一种不平等分配合乎每一个人的利益。"①

社会公平主要包括权利公平、机会公平、分配公平、规则公平。权利公平能保证社会成员享有相同的基本权利，且受到法律保护或道德尊重。机会公平能让生活在社会中的人享受大致相同的发展机会，既不会因家庭出身不同，也不会因财富地位的差异而获得机会或失去机遇。分配公平主要体现平等地分配社会资源，甚至

① ［美］约翰·罗尔斯：《正义论》，何怀宏等译，中国社会科学出版社 1988 年版，第 58 页。

包含平等地承担社会责任。规则公平强调的是一把尺子量到底，确保规则面前人人平等，没有例外。我们既需要作为形式的规则公平，并赋予其权威性；也需要作为起点的权利公平、作为过程的机会公平，以及作为理想目标的分配公平，只有这样我们才能感受社会的公平正义。

正义的基本词义是应得的赏罚。当一个人对社会作出了贡献，社会给予他相应的尊重和待遇；当一个人危害了他人和社会，社会给予了他相应的制裁——这就是正义，反之，则是非正义。正义的核心是对等，指在社会成员的贡献（或危害）与其待遇（或惩罚）之间的对等。正义就是每个人都从社会得到他应得的那份利或害。公平是现代社会利益分配的理想状态，在现代社会中公平和正义缺一不可。正义是公平的基础，没有正义的公平必定沦落为平均主义，公平是正义基础上的更高价值旨归。

社会要稳定，必须体现公平正义，尤其是保证社会制度的公平。公平正义的社会制度能排除社会的偶然性因素对个人命运的摆布，能合理地指导对权利和义务的分配以及对社会经济利益的分配，并保障人们的权利公平、机会公平、分配公平。

（六）环境生态

幸福社会，必须有利于人的生存和发展，有利于人的潜能的发挥。环境生态是幸福社会建构的又一目标。在环境生态的社会中，人和自然和谐协调，环境得到保护，资源利用与保护有机统一。人们会自觉地保护生态，促进生态环境良性循环，国家和社会也不会为了经济的发展去破坏生态环境，如不会排放有毒有害污染物危害自然环境，不过度使用土地、草原，尽力避免土地沙化、草原荒芜，不过度采伐森林资源。

在优质的生态环境中，人们不再为能否呼吸到新鲜空气、喝上干净水、吃上放心食品而烦恼，不再为生活空间被污染而烦躁。而且优质的生态环境每天提升人的生活品质，给人美的享受，使人心情愉悦。

三、幸福社会建构的基本举措

在构建幸福社会中，人类进行了各种尝试，也形成了一些有利经验，但我们认为建构幸福社会的举措主要有发展经济、维护公平正义、建设幸福文化、建设生态文明和建立良好的社会保障机制。

（一）发展经济，为幸福社会奠定物质基础

前文我们已经阐述，幸福社会绝不是贫穷的社会。虽然经济的增长并不必然带来人们的幸福，但是幸福一定离不开物质财富。幸福社会首先应该是一个物质条件高度发达的社会形态。

我国近代积贫积弱，百姓只能在穷苦中度日，如果一定要说他们幸福的话，那也只能是穷开心。当前，我国尽管经济增速较快，但毕竟还处在社会主义初级阶段，“人民日益增长的美好生活需要和不平衡不充分的发展之间的矛盾仍然是当前我国社会的主要矛盾”。因此，需要发展经济，为幸福社会建设打牢经济基础。

目前，我国社会主义市场经济的水平不断提高，但由于起步晚、起点低，所以我国的市场经济体制从总体而言还不成熟、不完善，市场秩序还比较混乱。为了更好地发挥市场经济对幸福社会建设的推动作用，迫切需要进一步深化、发展市场经济体制。

发展经济，还要转变发展理念，促进经济可持续发展。改革开放 40 多年，我国的经济发展曾一度以 GDP 作为唯一评价指标，并创造巨额的社会物质财富，但是我们为此也付出了高昂的代价——高昂的生态成本、资源成本、社会成本和人性成本。最后结果是经济不断发展，但人们的幸福并无增益。因此，经济发展不能片面追求经济增速，片面地强调 GDP 的增长，而应该把人的幸福作为经济发展的终极目的。在发展经济时，努力实现经济发展与

环境的协调发展；追求经济利益时，既考虑当代人的需求，也顾全后人的利益。总之，不应盲目地追求物质幸福，结果适得其反丧失幸福。

（二）维护公平正义，为幸福社会奠定恒久稳定的基础

公平正义是幸福的基本要求。维护公平正义，就要保证权利公平、机会公平和分配公平，而上述公平的前提是制度、规则的公平。因此，首先应制定公平的制度。“没有一系列好的社会制度，人们的丰衣足食、社会的稳定有序都是不可能实现的。”①

公平正义的制度，要“公平地反映和协调城乡不同阶层不同方面群众的利益，反映和协调不同地区、不同行业、不同阶层、不同群体的利益，反映和协调不同方面群众的合法权益”②。祛除体制内外、编制内外的差别与不公以及在消除身份差异上做出努力。公平的制度应让人们享受同等的权利，使得任何人都不会因为家庭背景、出身的不同受到歧视，也不会因为财富的多寡而拥有或丧失权利，并保障人们拥有同等的机会参与各种社会活动，包括受教育的机会、就业的机会等和保证社会成果为社会全体成员所共享。

维护公平正义的措施主要有：一是坚持共同富裕，但注意不搞平均主义。一个公平正义的社会，应是社会财富共享，资源共用的社会；二是建立民主政治，消除特权，保障人权，让人民真正当家作主。同时，还要坚持不懈地推进政治体制改革，扩大公民政治参与权，最广泛地动员和组织人民依法管理国家事务和社会事务，保证人民依法享有广泛权利和自由；三是保证司法公正，它是社会公

① 张映芹：《制度理性与福利公正：基于国民幸福视角的分析》，中国社会科学出版社 2011 年版，第 148 页。

② 许春玲、周树智主编：《城市社会转型与幸福感变迁》，社会科学文献出版社 2013 年版，第 93 页。

平正义得以救济的最后屏障。首先，它要求司法机关执法为民、公正司法，发挥司法维护公平正义的职能作用。其次，它要求在法律、制度面前人人平等，让每一位社会成员平等地享有权利和履行义务、承担责任，平等地受到法律保护。习近平在十九届中央政治局第二十七次集体学习时的讲话强调："要自觉主动解决地区差距、城乡差距、收入差距等问题，坚持在发展中保障和改善民生，统筹做好就业、收入分配、教育、社保、医疗、住房、养老、扶幼等各方面工作，更加注重向农村、基层、欠发达地区倾斜，向困难群众倾斜，促进社会公平正义，让发展成果更多更公平惠及全体人民。"

（三）建设幸福文化，为幸福社会提供精神支撑

幸福文化，从广义上来说包括幸福物质文化、社会文化和精神文化。这里我们把幸福文化作狭义的理解，把它等同于幸福的精神文化。它是指"一种以幸福为思想内核和价值取向，以研究和实施正确的幸福理念，形成科学合理的幸福观为主要内容的文化形态和文化现象。"[①]因此，营造幸福文化的关键是帮助人们形成正确的幸福理念，使之成为人们决策与行动所应遵循幸福的准则。

我们知道，幸福是一种心理感受和情绪体验。所以，幸福的精神文化对幸福的影响更直接也更深远。生活中不管人多么富有，倘若没有良好的心态、和谐的人际关系，其情感没有归属，精神没有依靠，也不可能有真正的幸福感。精神文化健康与否关系人们是否幸福。精神不振的人，无法感受到幸福；精神丑恶的人，无法得到真正的幸福。只有精神健康的人，才能感受到幸福，并得到真正的幸福。

人们生活在幸福社会，既要物质丰裕，也要精神富裕，绝不能

① 陈湘舸、杜敏：《幸福文化及其价值定位》，《甘肃社会科学》2008 年第 6 期。

“富口袋穷脑袋”。当前，我国经济增长迅速，但人们的精神和心理并未紧跟经济发展的步伐。有人理想迷失、道德困惑、信任危机，也有人在贫富差距加剧过程中滋生焦虑感、挫败感、不公正感等负面情绪。因此，幸福社会构建不能仅依靠物质条件作为基础和依靠理性制度、良性法律作保障，它还一定需要发挥精神文化滋润心灵、缓解心理压力、凝聚人心等作用，帮助人们解决各种困惑和矛盾，引导人们参与各种文化活动，让人们在生活上达到富裕的同时，精神上也获得愉快和满足，从而为构建幸福社会提供良好的文化环境。

建设幸福文化的主要举措有：首先是可以发展文化民生，让人民群众共享文化发展的成果，并满足人民群众多层次、多方面、多样性的精神文化需求；其次是可以通过文化活动和文化教育促进文化建设。幸福文化教育主要是通过教育让人们树立正确的幸福观，培养人们乐观向上、理性平和的心态。文化活动主要是让公众参与有利于感受幸福、提升幸福的活动，做有意义、有价值的事情，譬如，参加公益活动，既能幸福自我，又能幸福他人。

（四）建设生态文明，为幸福社会创造美丽空间

生态文明也有广义和狭义之分。广义的生态文明是“与农业文明、工业文明前后相继的社会整体状态的文明。生态文明是对农业文明和工业文明的超越，代表了一种更为高级的人类文明形态，生态文明涵盖了社会和谐及人与自然和谐的全部内容，是实现人类社会可持续发展所必然要求的社会进步状态。”[①]狭义的生态文明是指人类在处理与自然的关系时所达到的文明程度，与物质文明、政治文明、精神文明相并列。本文中采用狭义的生态文明，

① 宋言奇：《生态文明建设的内涵、意义及其路径》，《南通大学学报（社会科学版）》2008 年第 4 期。

认为生态文明是人类在实践中协调人与自然关系的基本态度和理念。党的十八大报告强调指出,“建设生态文明,是关系人民福祉,关乎民族未来的长远大计。生态民生即生态层面的人民生计,与人民群众的生存状况、生产实践、生活环境和经济社会发展密切相关”①。其价值理念是为人民群众营造良好的生活环境,满足人民群众的生存、生活条件需求,为促进人自由而全面发展奠定良好的自然生态环境基础,是关切幸福民生的新理念、新追求。

人能安全生存的基础是其周围环境具有安全性。但当前环境污染极其严重,它包括大气污染、水体污染、土壤污染、生物污染等由物质引起的污染和噪声污染、热污染、放射性污染、电磁辐射污染等由物理性因素引起的污染。环境污染给生态系统造成直接的破坏和影响,如沙漠化、温室效应、酸雨的形成,等等,导致不可再生资源迅速枯竭,可再生资源锐减。现在,许多人把能够喝上一口干净的水和呼吸一口没有污染的空气视为一种奢侈,有数据表明:“我国目前有四分之一的人口饮用不合格的水,三分之一城市人口呼吸着被污染的空气,百分之七十死亡的癌症患者与环境污染有关”。总之,环境污染与资源不断衰竭已成为人民幸福的障碍。这与幸福社会的构建完全背离,因此,需要建设生态文明,保障人民的幸福生活。

建设生态文明的举措主要有:第一,摒弃了传统人类中心主义的思想,学会尊重自然、善待自然、与自然和谐相处。因为我们人类本身就属于自然界,所以应该注重人与自然和谐共存、协同发展。第二,德治与法治相结合进行生态环境保护。社会的生态道德的发展程度,在很大程度上影响着人们的行为。只有广泛动员

---

① 廖晓文主编:《盛世开泰:中国共产党第十八次全国代表大会》,河北出版传媒集团河北人民出版社 2012 年版,第 38 页。

广大群众参与各种生态道德实践活动，才能形成生态良好、人与自然和谐的社会文明新风尚。而法律规范作为强制手段，规范社会成员的行为，使其形成不得不遵循或服从的意识。第三，建设社会主义生态文明还必须转变经济的发展方式。经济发展对环境质量具有决定性影响，加快转变经济发展方式，才能大幅度降低经济发展对生态环境的负面影响。由于自然资源和自然生态系统承载能力都是十分有限的，必须积极倡导节约资源、保护环境的观念，努力改变现有的生产模式与消费方式，大力发展生产技术，科学合理地开发和利用自然资源，提高资源利用率，减少污染物的排放，降低能耗，为最终人民幸福生活打下坚实的生态环境基础。

（五）建立社会保障机制，使弱势群体在幸福社会能幸福生存

无论多么美好的社会，都一定会有弱势群体，而且弱势群体往往不能通过劳动满足自己基本的物质生活需要。假如他们不能获得他人或社会的帮助，那么就意味他们很可能生活在痛苦或不幸之中。我们认为，幸福社会必须建立良好的保障机制以保证弱势群体也能幸福生存，而不是贫困生活与痛苦挣扎，否则幸福社会就名不副实。

社会保障作为一种国民收入再分配的形式，它须通过一定的制度来实现。一般而言，人们常常将由法律规定的或按照某种确定规则而实施的社会保障政策和措施称为社会保障制度。在实践中，社会保障通常是由社会保险、社会救济、社会福利、优抚安置、社会互助等组成。其中，社会保险是社会保障的核心内容。社会保险是指国家建立的一种社会保障制度，目的是使劳动者因年老、失业、患病、工伤、生育而减少或丧失劳动收入时，能从社会获得经济补偿和物质帮助，以保障其基本生活。

我们认为，国家的经济工作和社会发展都要更多地关注穷人，关注弱势群体，必须针对弱势群体建立更为健全的救助措施。解

决这一问题的主要措施有：一是完善社会救助机制，保障弱势群体的物质生活需求；二是完善社会保险体系，保障弱势群体的合法权益，主要包括养老保险和医疗保险；三是完善文化共享机制，保障弱势群体的教育需求。坚持完善社会保障体系，实现弱势群体利益与其他群体利益协调发展，有利于实现全民共享经济社会发展成果，共享精神文化生活。

最后，我们想告诉人们的是，在生活中人们会经常意识到自己在影响幸福的客观要素面前的无能，“我们没法对自己出生的环境进行选择，各种偶发事件困扰着人们的生活。”[①]人生幸福所需要的外部环境，如社会制度、社会生产力及整个社会的发展水平等都不是每个时代的人所能随意决定的，但是每一个社会都会有幸福的人，正如罗素所说“在外界环境不是绝对地多灾多难、流年不利的地方，一个人应该能够获得幸福”[②]。因此，每个人不能坐等幸福社会快速建成，而应学会利用现有社会条件去追求幸福。当然，这需要人们具有智慧，能妥当地实现幸福的主观要件和客观要件的无缝对接，比如妥善处理个体与社会、私利与公益、眼前与长远、情感与理智、物质与精神、创造与享受之间的关系，做到既“知足”又“知不足”，“有所为”又“有所不为”，从而让生命惬意、美丽地行走于社会，最大可能地实现幸福。

① ［美］内尔·诺丁斯：《幸福与教育》，龙宝新译，教育科学出版社 2009 年版，第 16 页。

② ［英］罗素：《罗素道德哲学》，李国山译，九州出版社 2004 年版，第 391 页。

结语与展望

人类的幸福没有终点，人们对幸福的相关问题进行研究也永无止境。历史上，许多学者曾对幸福问题进行了深刻的论述，但并未让人满意。因此，本人在研究幸福问题时，常怀惴惴不安之心，直到文章已完成，我还不敢说自己完全弄清楚了幸福问题。但因研究之故，经过认真阅读和深入思考，自我认为对幸福问题还是形成了一些自己的认识。我深知这些认识很肤浅，甚至可能还有错误，但学术允许争鸣，并且与大家分享对幸福的认识本身就是一件幸福的事，所以我需要做的事情就是尽力去阐述幸福的相关问题，并努力完善相关论述。

本研究从幸福的概念出发，先试图弄清楚幸福到底是什么。因为这是研究幸福时必须予以厘清这个最具争议的问题。本研究对幸福所界定的定义，人们初看时往往会把它纳入幸福“快乐论”的阵营。实际上，它只是表示评判幸福的最后程序是人们的主观感受，它亦强调人的主观感受不是个体可以随意而为，它受到客观条件(好生活)的制约。所以，本研究的幸福概念强调了客观向主观的发展过程。

本研究自始至终坚持主观与客观相统一的原则。在分析幸福观时，主张是物质幸福与精神幸福必须相统一，强调两者若被分离则会导致幸福观的扭曲，最终得不到幸福。在分析幸福感时，强调客观因素，如经济、政治、文化、社会以及生态对人们幸福感的影响。在评价幸福指数时，认为幸福指数不完全科学，因为它难以保证被评价者幸福指数与自身真切感受到的幸福是完全一致的，也就是说客观指标体系与主观感受可能不一致。最后，在论述构建幸福时，依然是从主观与客观相统一的原则出发，提出建构"幸福人"和幸福社会。建构幸福人就是为实现幸福准备主观条件，而建构幸福社会则为实现幸福创造客观条件。所有上述研究的目的都是为了更好地实现幸福，从理论上进行深入的探讨亦旨在为实现幸福破除阻碍。

当然，上述所做的研究还只是开始。因为还有很多问题需要继续研究探讨：一是本研究已经提出建设幸福社会，但幸福社会的本质特点是什么，能否完整地勾勒出来？这是一个非常有难度的问题，但又是一个有实践意义的问题。因为，如果只是主观提出建设幸福社会，对幸福社会的构架完全凭借个人主观臆断而产生，那么建设幸福社会就是千人千面。还有幸福社会与和谐社会有没有不同点？如果有，它们的不同点又在哪里？幸福社会与19世纪空想社会主义者所构想的理想社会又有什么区别？幸福社会与马克思提出的共产主义社会的差距又在哪里？这些都值得继续进行深入研究。二是幸福指数对人们幸福感的量化。我们一般认为它根本不可能对人的幸福感完全进行量化，但问题是人的幸福感是否永远不能完全量化呢？这也是值得人们思考的问题。因为很多我们过去认为不可能的事情，最后都变成了现实。倘若人的大脑真的如同电脑一样有"操控程序"，只是现在人类还无法完全破解它的运行程序，那么一旦科技发达到人能够破解大脑"思维程序""情绪程序"和"感受程序"时，是不是量化幸福就将是水到渠成的事情？三是有关幸福的层次。本文根本没有涉及这方面的内容，但是幸福是否真的有层次之分。如，一般而言，人们会认为物质幸福不及精神幸福，因为精神幸福更持久，更圣洁。但我们不禁要问，有的人一辈子"重物质轻精神"却总能保持笑容满面，我们又该如何说他不如注重精神幸福的人幸福呢?

总之,对幸福的相关问题进行科学的研究,还需要不断努力。我们认为,本研究至多只能算作初步性的研究,很多理论问题及认识都有待进一步完善、充实与提高。

附　录

论 幸 福*

摘要：幸福历来是一个颇具争议的话题。幸福是人们先经过感受，继而进行判断、反思得出正向阈值后的心理感受与精神体验，它产生于苦乐比较之后，存在于主、客观世界的结合之处。获得幸福的最佳途径是创造和谐社会、发展经济，修德养性，并实现主客观要件的有机统一。

关键词：幸福、苦乐、正向阈值、主客观、路径

幸福是人类永恒的向往和追求，无论依循自然本性，还是遵从道德法则，都必然留下一道追寻幸福的轨迹。因此，探讨幸福问题，对每个时代的人来说都是现在进行时。事实上，古今中外的思想家们也曾就幸福的有关问题进行过缜密的思考和论证。

一、幸福概念之界定

历史上，无论智者哲人还是平民百姓，都试图对幸福进行定义，但观点却不尽相同。有人主张幸福等同于快乐，“幸福是连续的快乐”①；而有人则主张，幸福是一种品质，“给人幸福的不是身体上的好处，也不是财富，而是正直和谨慎。”②不同时代和不同文化对幸福的见解也迥然不同。在古希腊，幸福等同于智慧和德行；

---

* 基金项目：国家社会科学基金项目“美德政治学的功能及其限度”(09BZX051)。

① 北京大学哲学系编译：《十八世纪法国哲学》，商务印书馆 1979 年版，第 649 页。

② 周辅成选编：《西方伦理学名著选辑》(上)，商务印书馆 1964 年版，第 74 页。

在中世纪，幸福等同于天堂；在中国古代儒家推崇“美德”即幸福；而道家的幸福是顺应天道；佛教是把幸福寄托在极乐世界。难怪康德会说“幸福的概念是如此模糊，以至虽然人人都想得到它，但是，却谁也不能对自己所决定追求或选择的东西，说得清楚明白，条理一贯。”①而布伦诺·S.弗雷则进一步认为“因为幸福是一个捉摸不定的概念，所以继续对其进行定义的做法是不会产生太大的意义的。”②但我们认为如果在探讨幸福的有关问题时，不对幸福概念进行界定是不符合人们认识事物的习惯的。对一个事物的概念都没有弄清，就根本无法深入地认识、论证它，因为任何一个定义，都是整个理论的一个浓缩，“概念的展开就是全部理论。”③

（一）幸福“满足说”及“快乐说”的悖论

很多人对幸福的看法是朴素的、经验性的，把“欲望的满足”或“愿望的实现”当成幸福。当欲望得到满足或愿望得以实现，人们就会感到幸福。南宋洪迈在《容斋四笔·得意失意诗》中提出人生四大喜事“久旱逢甘雨，他乡见故知，洞房花烛夜，金榜挂名时”似乎也证明了这一点。不管洪迈提到的这四件喜事是否有量或质的差别，它们之所以可喜的共同点乃是“欲达愿随”，人们盼望已久最后终于如愿以偿当然值得欣喜。

但我们认为如果把欲望的满足当成幸福的话，幸福就变得言人人殊，成为一个相对性概念。首先，个体的欲望一定是不同的，这样幸福也就不同。克洛伊索斯可以说“富贵就是幸福”，梭伦则可以主张“只有中等财产的人最幸福”，而对颜回来说“箪食瓢饮陋巷”也是幸福。如此，幸福就不具有公度性。其次，如果幸福是欲

① 周辅成选编：《西方伦理学名著选辑》(下)，商务印书馆1987年版，第366页。

② ［瑞士］布伦诺·S.弗雷、阿洛伊斯·斯塔特勒：《幸福与经济学：经济和制度对人类福祉的影响》，静也译，北京大学出版社2006年版，第4页。

③ 汪丁丁：《市场经济与道德基础》，上海人民出版社2006年版，第166页。

望的满足的话，个体自身的幸福就会跟随需要而变动不居，“在生病时说它是健康；在穷困时说它是财富；在感到了自己无知时，又对那些提出无法理解的宏论的人无比崇拜。”①还有，人生由许多阶段构成，“有生理上的生长、成熟和衰老；有心理上的形成、发展和丰富；有事业上的选择、奋斗和成就。”②如果幸福因生活目标的改变、需要的变化，此一时彼一时的幸福都不同，那么幸福就不具有恒定性，它必然无法成为评价话语，因为我们必须随时准备修改自己刚刚做出的有关幸福的自我判断。最后，倘若循着幸福是欲望的满足进行推导，我们还发现其会得出自我否定的结论。苏格拉底就曾问卡利克勒斯：“请告诉我，如果一个人身上发痒，用手去挠，挠到心满意足，并且一生都这样挠下去，是否也能说他生活幸福呢?”幸福绝不是不得已而为之的事情。

既然用欲望的满足不能科学地说明幸福问题，那么，换个思考的方向，用快乐来阐述幸福是否可以？古希腊哲学家德谟克利特曾认为幸福就是快乐，当然他主张“只追求高尚的快乐。”③但历史上赫拉克利特早就对该种观点做出了否定回答：因为“如果幸福在于肉体的快感，那么就应当说，牛找到草料吃的时候是幸福的。”④所以，幸福和快乐应该不同。我们认为，一般而言快乐是人对某种需要、欲望的实现，是目标达成的心理体验，快乐只是表达人的感受性。但幸福不同于快乐，因为幸福不是单纯的心理体验，而是感受后的一个综合评价，是人们继对快乐和痛苦的感受性之后的一种判断和反思。幸福的人会感到快乐，但快乐未必能导致幸

---

① ［古希腊］亚里士多德：《尼各马科伦理学》，廖申白译，商务印书馆 2003 年版，第 9 页。

② 宋希仁：《人生哲学导论》，山西教育出版社 2003 年版，第 41 页。

③ 周辅成选编：《西方伦理学名著选辑》（上），商务印书馆 1964 年版，第 83 页。

④ 周辅成选编：《西方伦理学名著选辑》（上），商务印书馆 1964 年版，第 13 页。

福，当然不快乐的人一定是不幸福的。众所周知，人类一直善于寻欢作乐且不断翻新花样。现在人们取乐方式是多种多样：从衣食住行性到游娱、健身等。幸福生活应该是快乐的，它还必须以健康的身心为依持，以美好的世界为追求。如果把幸福简单地等同于快乐，就会出现追求快乐却并不幸福的反例，使其自相矛盾。

那么，幸福与快乐又是什么关系？有学者对幸福和快乐进行了理论上的区分，认为“幸福是重大的人生快乐。”①但我们认为这种区分的意义不大。因为倘若有人一生穷其所有都无法经历什么重大的人生快乐，他的日子过得平静却很充实，他身心健康、家庭和睦，不愁吃也不愁穿，我们能够说他不幸福吗？

（二）幸福“实现说”的现实困境

欲望的满足或快乐都是经验性的，经验性的东西阐明有关幸福的问题似乎注定会遇到上述困难。那么，从理性视角切入能否可以破解幸福之谜？

譬如，幸福是客观的，是自我完善、自我实现和自我成就，是自我潜能的完满实现和人的全面发展，像亚里士多德说：“幸福是灵魂的一种完满德性的活动。”②在这里，德性是指一种最好的品质，完善德性的活动也就是自我“优良性、优良品质”的实现。包尔生继承了亚里士多德的观点，认为“幸福或福祉在于所有德性和能力的训练和实行，特别是那种最高的德性和能力的训练和实行。”③根据马斯洛的需要层次论，“自我实现”的层次最高，人们若能自我实现就能获得幸福，只不过它一定是“追求者众实现者寡”。现实

① 孙英：《幸福论》，人民出版社 2004 年版，第 18 页。

② ［古希腊］亚里士多德：《尼各马科伦理学》，廖申白译，商务印书馆 2003 年版，第 32 页。

③ ［德］包尔生：《伦理学体系》，何怀宏、廖申白译，中国社会科学出版社 1988 年版，第 235 页。

生活中，就有人尽其所能仍然无法达到自我实现和全面发展，那么是否他就从此与幸福绝缘。当然不是，如有人无法享受创造性幸福，但也许他可以享受到消费性幸福；他不能获得完全的精神幸福，至少还可以享受物质幸福，只是幸福程度和性质不同而已。我们认为幸福"自我实现"之说是手段和目的混淆，人的自我实现、全面发展只是实现其幸福的一种理想途径。

（三）幸福概念的最终确证

至此，幸福究竟是什么，还是不得而知，它自身是否确实是其他东西的替身从而蒙住了世人的眼睛，像德国哲学家威廉·施密德所说："寻找'幸福'的人找的其实往往是'意义'，'幸福'只是被选中代替'意义'而已……多数人更爱谈幸福，因为幸福是一个人人都说、人人似乎都懂的词；而'意义'听起来很抽象，很多人怕找它，因为他们感到这种寻找可能会打开通往深渊之门。"[①]他认为，意义是一种关联，人们若是能感受到意义，就会感到幸福。但是"有意义"这个词本身又是什么呢？我们又该如何判断生命过程的意义，或者说生活怎样才算"有意义"？其仍然无法让人清楚明白。因此，用"有意义"来定义幸福或许还是换汤不换药，我们认为它至多只能算是一个缓兵之计。泰勒·本-沙哈尔把意义和快乐并联起来，认为"幸福是快乐与意义的结合"。在快乐的基础上加上了"意义"一词，旨在告诉人们要在快乐的方向上进行把控，生命应有目的、有追求，生命应有价值。但是别人也可以提出幸福是"快乐与价值实现的结合"或"快乐与高尚目的的结合"，等等，不一而足。"意义"只是注意了对快乐方向的调整，但是价值实现或高尚目的同样可以规定快乐的方向。因此，把快乐和意义进行结合来定义幸福，并不具有终极价值。不过可喜的是，他最终又把快乐拉回到

---

① ［德］威廉·施密德：《幸福》，黄霄翎译，上海译文出版社2012年版，第86页。

探讨“幸福”的视野。

1. 幸福离不开快乐。我们始终认为幸福一定离不开快乐，快乐是它的必含要素，只是它不是单纯的快乐。“幸福是一种持续的快乐”[①]的观点是有失偏颇的。科学研究表明：任何人只要他大脑兴奋区域受到刺激而被激活，脑内多巴胺上升就会产生快乐的感觉。但持续的快乐并不一定就是幸福，它可能是一种病态的快乐，有时人们甚至希冀从某些快乐中逃离，因为持续的、过度的快乐对人的肉体来说可能是一种痛苦的折磨。正常状态下人们不会选择“快乐永动机”，也不会服用“百忧解”等药物。因此，不能把快乐和幸福混为一谈：一是没有人能保证自己一生拥有持续的快乐；二是就人类本身的特性而言，任何人都无法承受长期的兴奋状态。幸福离不开快乐，但快乐绝不等同于幸福，因为单纯的“多巴胺”刺激不能让人感到幸福。幸福先有一个对快乐作出判断的过程，它产生在快乐之后。快乐是稍纵即逝，但人类可以把幸福留下。因此，人类不会把快乐作为最后的选择，“只有幸福才有资格称作绝对最后的”[②]。

2. 幸福也离不开痛苦。一般来说，追求幸福就要尽力避免和克服痛苦。但幸福实际上也离不开痛苦。没有痛苦就无所谓快乐。没有痛苦和快乐也就无法进行苦乐的比较，这样幸福也将不复存在。再者，很多幸福孕育和来源于痛苦。众所周知，针灸痛、良药苦，但痛后、苦后人们感到的是舒服、得到的是健康；分娩疼、养育累，但为人父母、养儿育女却享受天伦之乐。人们在经历这些痛苦时往往会调动自身潜能超越此种痛苦而获取幸福，做到苦尽甘来。另外，还有过去的痛苦可以转变为现在幸福的回忆，且经常

---

① [德] 莱布尼茨：《人类理智新论》(上)，陈修斋译，商务印书馆 1982 年版，第 188 页。

② [古希腊] 亚里士多德：《尼各马科伦理学》，廖申白译，商务印书馆 2003 年版，第 10 页。

是经历的痛苦越深幸福感越强。不过，我们不能过分夸大痛苦的作用，它只是如同力学中的参照物一样起到比较作用，或者说如同酿酒的酵母起到转化作用。因为，人们绝不会为痛苦而痛苦。人们忍受痛苦的煎熬，一定是为了幸福而甘愿放弃眼前或现在的快乐。

3. 幸福是苦乐比较之后的心理感受和情绪体验。快乐和痛苦永远与人类相伴。人需要在恰当时候拥有适宜的快乐和适度的痛苦，就像参天大树离不开阳光和风雨。幸福的追求实质上是一种快乐与痛苦的博弈过程。人们在理性和意志的指导下对快乐做出的判断和选择，对痛苦进行评价并判断其是否值得忍受。当人们在生活中获得快乐的感受大于痛苦所带来的不幸，对生活状态进行综合判断就会得出的一种正向阈值(临界值)，此时内心产生的心理感受与精神体验就是幸福。“正向”首先要求方向向善，合乎道德，有利于人自身的生存和发展；其次是量值要大于零，确保幸福的主体——人的身心处于和谐状态。

当然，对快乐与痛苦的比较无法通过简单的减法计算而得出确切的数值，它一个复杂的认知和评价过程。譬如在实际生活中经常有人因小快乐产生大幸福，也有人因小痛苦酿成大不幸。还有，人类还存在一种双重意义的感觉，就是快乐与痛苦同时并存。有时你付出巨大，但回报与付出明显是不成正比。你会很生气、很愤怒，但又毕竟有回报，只是回报不多，心里还是暗含愉快之情，这种愉快情绪融入你的消极情绪当中。有时你历经艰辛与磨炼期待一个宏大目标的实现，“愿意放弃现在一时的快乐甚至接受暂时的痛苦而去换取将来长久的快乐”。[1] 这时消极的情绪也融入你的愉快情绪当中，就是人们常说的“痛并快乐着”。同样，“某些快乐

---

① ［美］弗兰克·梯利：《伦理学导论》，何意译，广西师范大学出版社 2001 年版，第 138 页。

是伴随着痛苦的,人的整个一生有可能被一时的快乐给毁掉”。[①]有许多人就因为贪图快乐结果陷入痛苦之渊,正所谓“乐极生悲”。但不管判断幸福如何困难,聪明的人类往往还是能对自己是否幸福大致做出较为准确的判断。也许有时会感觉模糊,但他们的判断是可以做到大体准确的,正如应用了模糊控制技术的空调器、电冰箱、洗衣机和洗碗机能控制精度一样。

二、幸福之寓所

探讨幸福问题就要让人们确知“幸福”的所居之所。倘若人们不知道“幸福”身居何处,那么他们在找寻幸福时就会显得手足无措。

(一)相关观点回溯

历史上,对“幸福之寓所”存在多种不同的认识,但主要有以下三种观点:

1. 幸福在虚幻世界。有人说,“幸福宛如一只蝴蝶,当你紧随其后时,它会离你而去;而当你静坐不动时,它可能翩然而至,落在你的身上。”[②]也有人猜想“幸福是否就像希腊神话中的欧律狄克(Eurydice),当我们回过头来注视她时,她已悄然遁去,在我们瞥见她的那一刻,她就消失得无影无踪。”[③]因为幸福并不是一种有形有体的具体存在之物,所以很多人认为幸福是可遇不可求,如同一个美丽的影子,可能有人幸运偶见,但谁也摸不着、抓不到。

这种错误的认识为人们假设各种“幸福之所”提供了机会。人

---

① [美]弗兰克·梯利:《伦理学导论》,何意译,广西师范大学出版社2001年版,第138页。

② [英]丹尼尔·列托:《追究幸福:微笑中的科学》,胡燕平译,重庆出版社2010年版,第138页。

③ [美]达林·麦马翁:《幸福的历史》,施忠连、徐志跃译,上海三联书店2011年版,第5页。

们可以说幸福在虚幻的世界，像柏拉图的“理念世界”。人们也可以把幸福寄放在天堂，像奥古斯丁的“上帝之城”。不可否认，幸福在虚幻世界的观点可以起到“望梅止渴”的效果，但最终人们会发现它的虚假性，因为人的幸福要能为人所享有且真实存在，可以在现实世界中找寻。

2. 幸福在现实世界。几千年前，梭伦就寄希望于幸福在现实生活中实现。他曾根据政治斗争的需要，从政治角度去阐述幸福问题：比如拥有“中等财产最幸福”、“获取赞誉”是幸福，幸福在于“善始善终”。伯利克里也曾主张只要在现实世界做勇敢的人，争取获得自由，这样就能实现人的幸福，他说“要自由，才能有幸福；要勇敢，才能有自由。”①

尽管后来西方人的幸福在虚幻世界几乎遨游了整个中世纪，但随着科学技术的发展、人类认识的提高，他们重新把目光从虚幻的上帝世界转回现实世界，重视对个人现实生活幸福的追求，幸福又重新回归到现实的人的世界。彼得拉克说，“凡人先要关怀凡间的事物”，“我自己是凡人，我只要求凡人的幸福。”②康德也指出，“幸福是尘世上一个理性存在者的状态”③。

3. 幸福在主观世界。幸福离不开人的心理感受和情绪体验。而心理感受和情绪体验是主观的，因此幸福在主观世界也会有它的位置。幸福在主观世界的观点，在我国古代表现得很明显：如孟子的“反身而诚，乐莫大焉！”老子的“知足常乐”，慧能的“我心自有佛”，王阳明的“心即理也”。“人心”被认为是决定幸福的主要或

---

① ［古希腊］修昔底德：《伯罗奔尼撒战争史》，谢德风译，商务印书馆 1985 年版，第 235 页。

② 北京大学编：《欧洲哲学史》，商务印书馆 1977 年版，第 225 页。

③ ［德］康德：《康德著作全集》第 5 卷，李秋零译，中国人民大学出版社 2010 年版，第 132 页。

唯一因素。

（二）幸福真正是寓于主、客观世界结合之处

当西方思想界把幸福重新拉回现实世界之后，人们就在现实生活中积极追寻幸福；当中国传统文化告诉幸福在人心之中，人们又在心中内求，但直到现在人类还是非常困惑地面对幸福问题。究竟是我们人类过于苛刻与贪婪，还是我们尽管知道幸福在现实生活或者人心之中，但还没有真正科学地认识到幸福的所居之所。

的确如此，幸福寓于现实世界之中，但它不是完全存在于客观世界内，它离不开人的主观世界。人所欲求的幸福，是人们对生活状态进行综合判断得出一种正向的阈值（临界值）而产生的心理感受与精神体验，它是现实的客观世界通过人的内在感官的作用而产生的一种判断。因此，幸福既指向外部世界或客观世界，也指向内部世界或主观世界。客观世界或外部世界可以作为"幸福体验的'对象'而存在的，但与通常客观的对象物不同……这个对象物是由作为体验主体的个体在幸福体验中构建起来的。"[①]也就是说，幸福不是一个独立存在的实体，不是寓于某种具体客观事物之中，但幸福又具有客观性，因为幸福必有体验的"对象"，同时幸福又是主观的，但它又不是主观自生的，不是纯粹的心理和精神问题。

我们认为幸福就在主观和客观世界的结合之处，人类幸福的降临起因于客观世界，作用于主观世界。所以，人们在实际生活中能否体验到幸福，他们自己手中只操纵着一半的主动权，另外的一半操纵在客观世界之中，因为幸福体验的对象物必须是客观存在的。

---

① 胡伟希：《生命的恩典：幸福与痛苦》，北京大学出版社 2012 年版，第 16 页。

三、幸福实现之途径

研究幸福问题，关键要标示幸福之路。如果不能告诉追求幸福的人们有关幸福的地标和路牌，得到幸福仍然是偶然的幸运所致，那么对“幸福”所做的任何研究都没有一点实际价值。

我们在前文阐述了幸福是主、客观因素的综合与协调的结果。仅具备幸福的主观要件或客观要件，幸福都不会降临。譬如有钱人和穷人都可能会觉得痛苦，原因就在于幸福的主观、客观要件没有达成有机统一，“有钱人的痛苦，不是来之于他的社会地位，而是来之于他的本身，是由于他滥用了他的社会地位……然而穷人的痛苦则是来源于环境，来源于压在他身上的严酷的命运。”①因此，人们要想实现幸福就要满足幸福所需的主观和客观条件，促使主、客观条件的有机统一。我们认为实现幸福的主要途径有：

（一）保持社会和谐，秩序稳定

社会和谐，秩序稳定是实现幸福的根本性的客观条件。社会和谐至少应该包括稳定有序、公平正义、民主法治等构成要素。

社会稳定是社会安全的保障。没有社会稳定，就没有社会安全；没有社会安全，就没有人们的幸福。2012 年联合国发布了首份《全球幸福指数报告》，“丹麦成为全球最幸福的国家，最不幸福国家集中在受贫穷和战火洗礼的非洲国家”。可以说，一个动荡不定的国家，没有幸福可言。因为如果社会不稳定，人们获得的物质财富可能朝夕不保，这样物质幸福将不复存在。还有，如果社会动荡不安，人们的性命堪忧，“活着”成为人生的唯一目的，奢谈幸福也没有任何意义。因此，只有社会稳定，人民才能安居乐业，人们才有幸福感。

公平正义关涉人们是否生活得幸福和有尊严。社会要稳定，

---

① ［法］卢梭：《爱弥儿》（上），李平沤译，商务印书馆 1978 年版，第 310—311 页。

必须体现公平正义,尤其是保证社会制度的公平。公平正义的社会制度能排除社会的偶然性因素对个人命运的摆布,能合理地指导对权利和义务的分配以及对社会经济利益的分配,并保障人们的权利公平、机会均等、分配公平。

民主法治有助于提升和保障人们的幸福。首先,民主法治是公平正义实现的基石。没有民主法治,就没有公平正义。其次,实现人的幸福,必须保障其参与公共生活的管理,保障其各项权利,实现其各种权益。最后,法治可以将公民对幸福的追求转化为法律权利,为公民追求幸福提供法律保障。

(二) 促进经济繁荣,收入增长

经济繁荣,收入增长是实现幸福的基础性的客观条件。亚当·斯密曾说:"有大部分成员陷于贫穷悲惨状态的社会,决不能说是繁荣幸福的社会。"①

幸福虽然是主体的一种心理感受和情感体验,但它又是建立在一定客观物质条件和客观的生活环境基础之上,并与人的物质利益相联系。"更高的收入会导致更高的幸福水平。因为收入的增加能够扩大个人和国家的机会组合,也就是说,更多的商品和服务可供消费。"②

当然,经济增长与幸福感之间的关系绝不是简单的"正相关"的关系,它们是倒 U 形曲线关系,"当财富增长到一定限度时,幸福感出现拐点现象,之后当财富继续增长,幸福感不升反降"③。

---

① [英]亚当·斯密:《国民财富的性质和原因的研究》(上),郭大力、王亚南译,商务印书馆 1972 年版,第 72 页。

② [瑞士]布伦诺·S.弗雷、阿洛伊斯·斯塔特勒:《幸福与经济学:经济和制度对人类福祉的影响》,静也译,北京大学出版社 2006 年版,第 82 页。

③ Meiqin You, Yuanjiang Miao, Xiaohong Zhu. Economy and Subjective Well-Being, International Conference on Education and Education Management, Beijing, 2011, p.2676.

但是,经济对于幸福基础性作用毋庸置疑,要提高人们的幸福指数,必须发展和繁荣经济,提高人们的收入水平。

（三）注重修养身心,涵养性情

修养身心,涵养性情是幸福的主观要件,是人们幸福的内在源泉。修身助益于人的幸福是因为人们在追求幸福的过程中可能会产生冲突,那么就需要道德进行制约。因此,幸福离不开道德元素,要“坚守道德原则,使得人们尽可能生活得和平、幸福”。[①]

但人们对于道德对幸福的作用观点不同：一是有德必然获得幸福,“道德之中即有幸福”[②]。二是道德仅能获得幸福的资格。“幸福并不与道德法则的遵循结合在一起。”[③]道德不是“如何使得自己幸福的学说,而是我们应当如何配享幸福的学说。”[④]。我们认为“德福统一论”过于绝对,因为“德福”未必一致。尽管道德高尚本身就可使人感觉幸福,但毕竟不是幸福的全部,谁都无法认同惨死的道德之人是幸福的;“道德配福说”也不科学,道德不只是配享幸福的资格,它是实现幸福的要素,修身养德获取幸福的必要条件。

养性,要养出情趣、品味。情趣,从根本上来说,是善于发现使人愉快,令人高兴的事或物的心理能力。有情趣的人,善于从外部世界的事物中发现乐趣,让生活在平淡之中见神奇,增添生活的兴奋度,从而使人感觉幸福快乐。而品味,是一种格调档次,它不仅反映一个的爱好,还是检验个人精神世界的尺度,“人的品味愈高,

---

① ［美］雅克·蒂洛、基斯·克拉斯曼：《伦理学与生活》,程立显、刘建等译,世界图书出版公司 2008 年版,第 27 页。

② 周辅成选编：《西方伦理学名著选辑》(上),商务印书馆 1964 年版,第 223 页。

③ ［德］康德：《康德著作全集》第 5 卷,李秋零译,中国人民大学出版社 2010 年版,第 136 页。

④ ［德］康德：《康德著作全集》第 5 卷,李秋零译,中国人民大学出版社 2010 年版,第 137 页。

他愈会去追求那种能给人带来更高或最高快乐或幸福的事物，或对之更容易发生兴趣；反之，人的品味愈低下，他就愈满足于低等的事物，甚至以获得这些低等的满足为快乐或幸福。”①

养性，关键是要养心，养出平和之心、和谐之心和宽容之心。首先，恬静淡泊，心态平和，“宠辱不惊，闲看庭前花开花落”，对名利得失处之泰然，能做到超出世俗利益的纠结，对世界采取一种审美观照之态度。其次，内心和谐，知情意有机统一，有正确的认知、积极的情绪情感、坚强的意志品质。无论遇到多大的挫折，都能保持一种乐观的人生态度，不会让脸上失去笑容，不让生活失去色彩。还有，我们要学会宽容。人的胸怀应该比天空更宽阔，少一份计较与抱怨，多一份谅解与包容。倘能如此，人们就会离幸福愈来愈近。养性之人必要宽容之心，“宽容是一种看不见的幸福，幸福的生活需要宽容”②。

（四）保持“内外”相宜，实现主客统一

幸福的决定性要件是内外相宜，主客统一。人们实现幸福的正途就在于将内在的主观要素和外部的客观要素有机统一起来。在现实生活中，只要社会稳定、公平正义、民主法治、经济发展或个人的修身养性等要素之一缺席，都无法确保实现真正意义上的幸福。

我们知道人们生活逐渐富裕可以提高物质幸福指数。但是如果贫富差距过大，收入分配不公，大多数人处于平均值之下，则会出现相对剥削感，幸福感就会下降。一个富裕的社会倘若失去公平与正义，未必比一个贫穷却能够彰显正义的社会要好，因为公民个体的幸福与体现正义的制度息息相关。再有，在一个民主法制

① 胡伟希：《生命的恩典：幸福与痛苦》，北京大学出版社2012年版，第111页。

② 王成全：《幸福在心》，人民邮电出版社2009年版，第122页。

不健全的社会,物质幸福得失难测,人们的各种权利得不到保障,精神幸福也无从谈起。但是,如果这些外部的客观要件全都具备之后,幸福与否就取决于人们的主观感受和体验。影响幸福的内在的主观要件的"虚位",如内心不和谐,经常焦虑恐惧,那么即使外在的客观要件完备,幸福也不可能实现。总之,只有当人们实现了主观世界与客观世界的融通或跨越,实现了幸福的客观和主观条件内外协调统一,幸福才会不期而至。

当然,人们还要善于发现和创造幸福。在生活中,人们有时会意识到自己在影响幸福的客观要素面前的无能,"我们没法对自己出生的环境进行选择,各种偶发事件困扰着人们的生活。"①人生幸福所需要的外部环境,如社会制度、社会生产力及整个社会的发展水平等都不是每个时代的个体所能随意决定的,但是每一个社会都会有幸福的人,正如罗素所说"在外界环境不是绝对地多灾多难、流年不利的地方,一个人应该能够获得幸福"②。这就需要人们具有智慧,能妥当地实现幸福的主观要件和客观要件的无缝对接,并妥善处理个体与社会、私利与公益、眼前与长远、情感与理智、物质与精神、创造与享受之间的关系,做到既"知足"又"知不足","有所为"又"有所不为",从而最大可能地实现幸福。

(本文发表于《南昌大学学报(人文社会科学版)》2014 年第 3 期)

---

① [美] 内尔·诺丁斯:《幸福与教育》,龙宝新译,教育科学出版社 2009 年版,第 16 页。

② [英] 罗素:《罗素道德哲学》,李国山译,九州出版社 2004 年版,第 391 页。

参考文献

中文部分：

［德］包尔生：《伦理学体系》，何怀宏、廖申白译，中国社会科学出版社 1988 年版。

［古希腊］亚里士多德：《尼各马科伦理学》，廖申白译，商务印书馆 2011 年版。

［德］威廉·施密德：《幸福》，黄霄翎译，上海译文出版社 2012 年版。

［美］泰勒·本-沙哈尔：《幸福的方法》，王冰、刘骏杰译，当代中国出版社 2007 年版。

万俊人等：《什么是幸福》，广东教育出版社 2011 年版。

［美］马丁·塞利格曼：《真实的幸福》，洪兰译，北方联合出版传媒(集团)股份有限公司 2010 年版。

林永鸿：《论西方快乐论道德观的发展》，《四川大学学报(哲学社会科学版)》1993 年第 2 期。

赵汀阳：《论可能生活：一种关于公正和幸福的理论》，中国人民大学出版社 2004 年版。

孙英：《幸福论》，人民出版社 2004 年版。

列宁：《列宁全集》第 38 卷，人民出版社 1990 年版。

江畅、周鸿雁主编：《幸福与优雅》，人民出版社 2006 年版。

王永年：《生命的张力：人类双重价值追求论略》，海风出版社

2002 年版。

马克思、恩格斯:《马克思恩格斯选集》第 3 卷,人民出版社 1995 年版。

胡纪泽:《中国人的焦虑:一次文化突围的尝试》,工人出版社 2008 年版。

马克思、恩格斯:《马克思恩格斯全集》第 42 卷,人民出版社 1979 年版。

孙中山《孙中山非常言:论道 1896～1925》,叶匡政编,人民日报出版社 2011 年版。

毛泽东:《毛泽东文集》第 1 卷,人民出版社 1993 年版。

胡锦涛:《在美国耶鲁大学的演讲》,新华网 2006 年 4 月 21 日。

温家宝:《在春节团拜会上的讲话》,新华网 2010 年 2 月 12 日。

[苏联] 图加林诺夫:《马克思主义中的价值论》,齐友、王霁、安启念译,中国人民大学出版社 1989 年版。

[德] 康德:《道德形而上学原理》,苗力田译,上海世纪出版集团上海人民出版社 2005 年版。

王艳菊:《论幸福作为核心终极价值》,《中国德育》2008 年第 2 期。

北京大学哲学系编译:《十八世纪法国哲学》,商务印书馆 1979 年版。

周辅成选编:《西方伦理学名著选辑》(上),商务印书馆 1964 年版。

周辅成选编:《西方伦理学名著选辑》(下),商务印书馆 1987 年版。

[瑞士] 布伦诺 · S.弗雷、阿洛伊斯 · 斯塔特勒:《幸福与经济

学：经济和制度对人类福祉的影响》，静也译，北京大学出版社2006年版。

汪丁丁：《市场经济与道德基础》，上海人民出版社2006年版。

［荷兰］斯宾诺莎：《伦理学》，贺麟译，商务印书馆1997年版。

冯友兰：《三松堂全集》第2卷，河南人民出版社2001年版。

宋希仁：《人生哲学导论》，山西教育出版社2003年版。

［美］马斯洛：《动机与人格》，许传金、程朝翔译，华夏出版社1987年版。

［美］泰勒·本-沙哈尔：《幸福的方法》，王冰、刘骏杰译，当代中国出版社2007年版。

［德］莱布尼茨：《人类理智新论》（上），陈修斋译，商务印书馆1982年版。

［美］弗兰克·梯利：《伦理学导论》，何意译，广西师范大学出版社2001年版。

陈湘舸、杜敏：《幸福文化及其价值定位》，《甘肃社会科学》2008年第6期。

宋言奇：《生态文明建设的内涵、意义及其路径》，《南通大学学报（社会科学版）》2008年第4期。

［美］内尔·诺丁斯：《幸福与教育》，龙宝新译，教育科学出版社2009年版。

吕秀斌：《幸福之道》，群众出版社2011年版。

［德］克莱因：《幸福之源》，方霞译，中信出版社2007年版。

［英］约翰·穆勒：《功利主义》，徐大健译，商务印书馆2007年版。

［英］边沁：《道德与立法原理导论》，时殷弘译，商务印书馆2000年版。

[美] 爱因·兰德:《新个体主义伦理观》,秦裕译,上海三联书店 1996 年版。

[英] 丹尼尔·列托:《追究幸福:微笑中的科学》,胡燕平译,重庆出版社 2010 年版。

[美] 达林·麦马翁:《幸福的历史》,施忠连、徐志跃译,上海三联出版社 2011 年版。

[古希腊] 修昔底德:《伯罗奔尼撒战争史》,谢德风译,商务印书馆 1985 年版。

北京大学编:《欧洲哲学史》,商务印书馆 1977 年版。

[德] 康德:《康德著作全集》第 5 卷,李秋零译,中国人民大学出版社 2010 年版。

胡伟希:《生命的恩典:幸福与痛苦》,北京大学出版社 2012 年版。

马克思、恩格斯:《马克思恩格斯选集》第 1 卷,人民出版社 1995 年版。

[英] 罗素:《罗素道德哲学》,李国山译,九州出版社 2004 年版。

[美] 米哈里·契克森米哈赖:《生命的心流》,陈秀娟译,中信出版社 2009 年版。

陈惠雄:《陈惠雄解读快乐学》,北京大学出版社 2008 年版。

冯俊科:《西方幸福论:从梭伦到费尔巴哈》,中华书局 2011 年版。

苗力田主编:《古希腊哲学》,中国人民大学出版社 1989 年版。

[美] 撒穆尔·伊诺克·斯通普夫、詹姆斯·菲泽:《西方哲学史:从苏格拉底到萨特及其后》(影印第 8 版),匡宏、邓晓芒译,世界图书出版公司 2009 年版。

［英］洛克：《人类理解论》(上)，关文运译，商务印书馆 1959 年版。

张映芹：《制度理性与福利公正：基于国民幸福视角的分析》，中国社会科学出版社 2011 年版。

［德］路德维希.费尔巴哈：《费尔巴哈哲学著作选集》(上)，荣震华、李金山译，商务印书馆 1984 年版。

［美］马斯洛：《动机与人格》，许金声、程朝翔译，华夏出版社 1987 年版。

［古希腊］亚里士多德：《政治学》，颜一译，中国人民大学出版社 1999 年版。

［古希腊］亚里士多德：《修辞术·亚历山大修辞学·论诗》，颜一、崔延强译，中国人民大学出版社 2003 年版。

詹世友、王涵林：《论正义和好生活的关联方式——兼谈马克思的正义观》，《东南大学学报(哲学社会科学版)》2013 年第 2 期。

孙凤：《和谐社会与主观幸福感》，科学出版社 2008 年版。

［美］弗里德里希·沃特金斯：《西方政治传统——现代自由主义发展研究》，黄辉、杨建译，吉林人民出版社 2001 年版。

马克思、恩格斯：《马克思恩格斯全集》第 19 卷，人民出版社 1963 年版。

马克思、恩格斯：《马克思恩格斯文集》第 1 卷，人民出版社 2009 年版。

孟宪鹏主编：《社会主义初级阶段党政干部工作手册》，中国社会出版社 1990 年版。

许春玲、周树智主编：《城市社会转型与幸福感变迁》，社会科学文献出版社 2013 年版。

马克思、恩格斯：《马克思恩格斯全集》第 40 卷，人民出版社 1982 年版。

刁永祚:《消费结构和生活质量》,首都师范大学出版社 2011 年版。

王世朝:《谁偷走了你的幸福:关于人·人性·人生的哲学笔记》,安徽人民出版社 2005 年版。

[古罗马]奥古斯丁:《忏悔录》,周士良译,商务印书馆 1963 年版。

马克思、恩格斯:《马克思恩格斯全集》第 3 卷,人民出版社 1960 年版。

毛泽东:《毛泽东新闻工作文选》,人民出版社 1983 年版。

中共中央文献研究室编:《十六人以来重要文献选编》(上),中央文献出版社 2005 年版。

黄谦明:《论消费主义思潮、经济增长方式与国民幸福》,《学术论丛》2009 年第 1 期。

周雨生:《消费主义潮流令人担忧》,《南方周末》1993 年 7 月 9 日。

刘芳:《幸福感研究综述》,《甘肃高师学报》2009 年第 1 期。

郑国娟:《幸福管理:心本管理的终极目标》,中国社会科学出版社 2010 年版。

彭怡、陈红:《基于整合视角的幸福感内涵研析与重构》,《心理科学进展》2010 年第 7 期。

郑雪、严标宾、邱林等:《幸福心理学》,暨南大学出版社 2004 年版。

吴明霞:《30 年来西方关于主观幸福感的理论发展》,《心理学动态》2000 年第 4 期。

段建华:《主观幸福感概述》,《心理学动态》1996 年第 1 期。

王海明、孙英:《美德伦理学》,北京大学出版社 2011 年版。

苗元江:《心理学视野中的幸福:幸福感理论与测评研究》,天津人民出版社 2009 年版。

高峰：《生活质量与小康社会》，苏州大学出版社 2003 年版。

［瑞士］布伦诺·S.弗雷、阿洛伊斯·斯塔特勒：《幸福与经济学：经济和制度对人类福祉的影响》，静也译，北京大学出版社 2006 年版。

［美］戴维·吕肯：《幸福的心理学》，黄敏儿等译，北京大学出版社 2008 年版。

［美］达林·麦马翁：《幸福的历史》，施忠连、徐志跃译，上海三联书店 2011 年版。

［美］卡萝尔·格雷厄姆：《这个世界幸福吗》，施俊琦译，机械工业出版社 2012 年版。

［美］伊斯特布鲁克：《美国人何以如此郁闷：进步的悖论》，喻文中、黄海燕译，中国商务出版社 2005 年版。

［英］亚当·斯密：《国民财富的性质和原因的研究》（上），郭大力、王亚南译，商务印书馆 1972 年版。

方纲：《和谐社会视野下的城乡居民主观幸福差异研究——以成都市为例》，西南交通大学出版社 2011 年版。

李维：《风险社会与主观幸福》，上海社会科学院出版社 2005 年版。

［美］雅克·蒂洛、基斯·克拉斯曼：《伦理学与生活》，程立显、刘建等译，世界图书出版公司 2008 年版。

赵敦华：《西方哲学通史》，北京大学出版社 1996 年版。

张涛：《经济可持续发展要素分析》，中国社会科学院研究生院博士研究生论文，2001 年。

［法］摩莱里：《自然法典》，黄建华、姜亚洲译，商务印书馆 1982 年版。

［美］科利斯·拉蒙特：《人道主义哲学》，贾高建、张海涛、董

云虎译，华夏出版社 1990 年版。

王艺：《幸福转型论》，中国社会科学出版社 2012 年版。

于建荣：《中国特色社会主义社会文明研究》，中央文献出版社 2007 年版。

李学举：《提高构建社会主义和谐社会能力》，中央党校出版社 2005 年版。

［法］拉法格：《思想起源论》，王子野译，生活·读书·新知三联书店 1963 年版。

［德］鲍吾刚：《中国人的幸福观》，严蓓雯、韩雪临、吴德祖译，江苏人民出版社 2004 年版。

［古希腊］柏拉图：《理想国》，郭斌和、张竹明译，商务印书馆 2002 年版。

武洁：《国人"幸福感"缘何每况愈下?》，《上海金融报》2010 年 10 月 22 日。

俞可平：《民主与陀螺》，北京大学出版社 2006 年版。

陈惠雄：《陈惠雄解读快乐学》，北京大学出版社 2008 年版。

［法］安德烈·莫罗阿：《人生五大问题》，傅雷译，生活·读书·新知三联书店 1986 年版。

赖德胜、吉利：《大学生择业取向的制度分析》，《宏观经济研究》2003 年第 7 期。

蒋士会、唐德海编著：《当代教育理论前沿问题概览》，广西师范大学出版社 2003 年版。

龚沛光、陈泮勤：《大气污染》，气象出版社 1985 年版。

周松波：《方圆之探——解码中西文化》，人民出版社 2010 年版。

沈颢、［不丹］卡玛尤拉主编：《国民幸福：一个国家发展的指标体系》，北京大学出版社 2011 年版。

邓小平：《邓小平文选》第3卷，人民出版社1993年版。

王元明：《论弗洛姆对现代西方社会的批判》，《天津师范大学学报（社会科学版）》2006年第3期。

江畅：《走向优雅生存》，中国社会科学出版社2004年版。

茅于轼：《中国人的焦虑从哪里来——论财富与地位的不平等》，群言出版社2013年版。

高榕璠编著：《每天幸福一点点大全集》，中国华侨出版社2012年版。

［美］霍妮：《我们时代的神经症人格》，冯川译，贵州人民出版社2004年版。

［法］阿尔布：《经济心理学》，符锦勇译，上海译文出版社1992年版。

［英］亚当·斯密：《道德情操论》，蒋自强、钦北愚译，商务印书馆1997年版。

马克思、恩格斯：《马克思恩格斯全集》第3卷，人民出版社1960年版。

王浦劬：《政治学基础》，北京大学出版社1995年版。

［法］卢梭：《爱弥儿》（上），李平沤译，商务印书馆1978年版。

刘次林：《幸福教育论》，人民教育出版社2003年版。

檀传宝：《论教师的幸福》，《教育科学》2002年第9期。

严标宾：《基于情绪智力背景的幸福智力研究》，华南师范大学博士研究生论文，2008年。

肖冬梅：《幸福能力及其培养》，湖南大学博士研究生论文，2012年。

孙鼎国、李中华主编：《人学大辞典》，河北人民出版社1995年版。

符江：《打开幸福之门》，中国工人出版社2009年版。

顾智明:《道德是使人获得幸福的源泉》,《南京政治学院学报》1996 年第 2 期。

王成全:《幸福在心》,人民邮电出版社 2009 年版。

孔刃非:《幸福学》,线装书局 2010 年版。

英文部分:

Julia Annas. The Morality of Happiness, New York Oxford University Press, 1993.

William James. Varieties of Religious Experience: A Study in Human Nature, London: Routledge, 2002.

Louis P. Pojman. Ethical Theory: Classical and Contemporary Readings, Wadsworth Publishing Company, USA.

Ryff C D, Keyes C L M. The structure of psychological well-being revisited, Journal of Personality and Social Psychology, 1995.

Ryan R M, Deci E L. On happiness and human potentials : A review of research on hedonic and eudaimonic well-being. Annual Review Psychology, 2001.

Omodei, M. M. & Wearing, A. J. Need satisfaction and involvement in personal projects: Toward and intergrative model of subjective well-being. Journal of Personality and Social Psychology, 1900.

D.G. Blanchflower, & A. Oswald. Well-being over time in Britain and the USA, Paper presented at NBER Conference, London, 2000.

Meiqin You, Yuanjiang Miao, Xiaohong Zhu. Economy and

Subjective Well-Being. International Conference on Education and Education Management, Beijing, 2011.

Harold D. Lasswell and Abraham Kaplan. Power and Society, New Haven: Yale University Press, 1950.

后　记

《幸福的本质及其现实建构》所关注的“幸福的本质”以及“幸福的现实建构”，在论述过程中有它的内在逻辑。首先厘清幸福的本质，然后以此为起点走向在现实中建构幸福。在阐述幸福本质的时候，更侧重理论阐述，而在论及建构幸福时，运用更多的是事实的证明。在理论阐述方面还存在说理不充分、不透彻的问题，主要是囿于本人理论水平的限制，只好暂且阙如，唯有后续不断学习予以补憾。

幸福是大家所期盼的，但幸福得之不易。《幸福的本质及其现实建构》所写主要是为思考幸福问题的人提供一个思路，虽为一孔之见，但我想以一孔让光亮透进。再者，就是为如何构建幸福社会提供一种路径思考。虽然幸福社会的构建纷繁复杂，但中国共产党毋庸置疑是当代中国幸福社会的构建者。

中国共产党自成立之日起就致力于为人民谋幸福，中国共产党百年艰苦奋斗历程就是建构幸福社会的伟大实践。幸福社会影响人的幸福主要体现于为保障人的幸福准备客观条件，包括政治、经济、文化、社会和生态等五个方面，构建幸福社会的目标应该是政治民主、经济繁荣且可持续发展、法制健全、文化健康、社会和谐、秩序稳定、环境生态，举措主要有发展经济、维护公平正义、建设幸福文化、建设生态文明和建立良好的社会保障机制。

这些思考都借助于本书予以呈现给读者，但在写作时常不知如何才能有所创见、新见以及如何才能使论述更具逻辑性，使文章更具有理论价值，这使得自己有时异常苦闷。每当思路受阻，写作受挫时，詹世友老师总是耐心地给予指导和鼓励，并从繁忙的工作中腾出时间就我的论文的写作基调、主体思想、脉络线索到具体论述等诸多方面的问题都一一进行点评，并提出修改意见。在此，我谨向詹世友老师以及其他给予我鼓励的师友致以最诚挚的谢意！

2021 年 9 月于梅岭

图书在版编目(CIP)数据

幸福的本质及其现实建构 / 施文辉著 .— 上海 ：上海社会科学院出版社，2021

ISBN 978-7-5520-3711-1

Ⅰ.①幸… Ⅱ.①施 Ⅲ.①幸福—研究 Ⅳ.①B82

中国版本图书馆 CIP 数据核字(2021)第 212308 号

幸福的本质及其现实建构

著　　者：施文辉
责任编辑：邱爱园
封面设计：裘幼华
出版发行：上海社会科学院出版社
上海顺昌路 622 号　邮编 200025
电话总机 021-63315947　销售热线 021-53063735
http://www.sassp.cn　E-mail:sassp@sassp.cn
排　　版：南京展望文化发展有限公司
印　　刷：上海新文印刷厂有限公司
开　　本：890 毫米×1240 毫米　1/32
印　　张：7.25
字　　数：185 千
版　　次：2021 年 12 月第 1 版　　2021 年 12 月第 1 次印刷

ISBN 978-7-5520-3711-1/B・308　　定价：58.00 元

Happiness